가상자산과 조세:

쉽게 읽는
비트코인 과세문제

가상자산과 조세:
쉽게 읽는 비트코인 과세문제

2023년 11월 15일 초판 발행
2024년 4월 24일 초판 2쇄 발행

지 은 이 | 신병진
발 행 인 | 이희태
발 행 처 | 삼일인포마인
등록번호 | 1995. 6. 26. 제3-633호
주   소 | 서울특별시 용산구 한강대로 273 용산빌딩 4층
전   화 | 02)3489-3100
팩   스 | 02)3489-3141
가   격 | 25,000원

ISBN 979-11-6784-196-4 03320

가상자산과 조세:

쉽게 읽는
비트코인 과세문제

법무법인 에스엘파트너스
대표변호사 신병진 지음

SAMIL | 삼일인포마인

머리말

　변호사는 사건으로 만들어지고, 사건을 통해 성장한다. 필자는 과거 기획재정부 세제실과 법무법인(유) 율촌에서 유능한 선후배들로부터 많은 것을 배웠고, 사건을 해결하기 위하여 치열한 고민을 거듭하면서 성장하였다. 지금도 필자는 마음 맞는 동료들과 함께 법무법인 에스엘파트너스를 설립하면서, 가상자산과 관련된 분쟁뿐만 아니라 여러 다양한 업무를 처리하며 성장하고 있다.

　이 책은 법원과 조세심판원, 기획재정부 및 국세청에서 판단한 내용을 바탕으로 필자의 과거 고민과 결론을 정리한 것이다. 다소 방대하고 복잡한 쟁점을 쉽고 정확하게 설명하려고 노력하였지만, 필자의 능력 부족으로 설명이 미흡하거나 잘못된 부분이 있을 수 있다. 잘못된 부분이 있다면 모두 필자의 부족함에서 비롯된 것이므로, 독자분들의 이해를 바란다. 부족한 부분은 계속 보완해 나갈 것이다.

　2022년 5월경 루나 사태와 11월경 FTX의 파산으로 가상자산시장은 'Crypto Winter'로 불릴 정도로 차갑게 식었다. 최근 미국 증권거래위원회(U.S. Securities and Exchange Commission, 'SEC')에서 비트코인 현물 ETF를 승인하였으나, 시장의 반응은 예전만큼 뜨겁지는 않은 것으로 보인다. 이러한 영향일까? 가상자산과 관련하여 2023년에는 유권해석이나 판례가 예년에 비하여 많지 않은 것 같다.

그럼에도 가상자산이 추구하고 있는 '탈중앙화'의 가치는 중앙화된 권력기구가 초래하는 비효율이나 신뢰성을 감안할 때 여전히 의미 있다고 보이고, 향후에도 다시 한번 시장에서 그 가치를 제대로 인정받을 수 있을 것으로 예상된다. 더구나, 가상자산 투자소득에 대해서는 2025. 1. 1.부터 과세가 시작되므로, 그 후에는 과세방식 등과 관련하여 여러 분쟁이 있을 것으로 보인다. 향후 발생할 수 있는 가상자산과 관련된 분쟁을 해결하는 데에 본서가 다소 도움이 되길 바란다.

이 책은 필자가 본업을 하는 과정에 틈틈이 작성한 것이다. 이에 따라, 필자가 본업에 소홀한 때에도 상황을 이해해주고, 필자를 대신하여 급한 업무를 처리해 준 법무법인 에스엘파트너스 식구들에게 감사드린다. 가상자산 세무문제에 관한 토론을 거듭하여 본서의 아이디어를 제공해주신 한국회계학회의 가상자산위원회 위원장 노희천 교수님과 법무법인(유) 율촌의 김진성 회계사님, 이 책이 발간되기까지 인내심을 가지고 기다려주고 도와주신 삼일인포마인의 이희태 대표이사님과 김동원 이사님, 임연혁 차장님에게 감사드린다. 마지막으로, 항상 부족한 아들을 응원해주시는 부모님과 동생, 그리고 필자의 자식 돌봄에 많은 도움을 주고 계시는 장인·장모님을 비롯한 가족들, 컴퓨터 앞에 있는 아빠 옆에서 항상 놀아달라고 조르는 아이들과, 필자가 가는 험난한 도전의 길을 항상 옆에서 든든히 버텨주며, 일에 전념할 수 있도록 모든 지원을 해주는 배우자 이정민에게 이 책을 바친다.

CONTENTS

Part 01. 들어가며

Part 02. 가상자산 투자자에게 발생하는 세무문제 등

Part 03

가상자산 발행업자에게 발생하는 세무문제

Part
01   들어가며

가상자산과 관련된 세무문제가 어려운 본질적인 이유: 탈중앙화, 우리나라 국세청의 과감한 태도

사토시 나카모토라는 익명의 프로그래머는 2008년 10월경 '비트코인: 개인 간 전자화폐 시스템(Bitcoin: A Peer-to-Peer Electronic Cash System)'이라는 논문을 통해 중앙화된 금융기관에 대한 신뢰가 아니라 암호화된 증명에 기반한 탈중앙화된 거래시스템을 고안하여 '비트코인'을 탄생시켰다. 그 후 '탈중앙화'를 기치로 내건 이더리움 등 다수의 프로젝트들이 시작되었고, 여러 코인과 토큰이 세상에 쏟아지면서 1시간만에 1,000배가 넘을 정도로 가격이 상승하거나, 도지코인과 같은 밈코인이 등장하여 2017년경부터 '비트코인 열풍'이라고 할 정도로 새로운 사회 현상이 발생하였다.

이에 따라 다수의 국가에서는 먼저 비트코인 등으로 과도하게 돈이 쏠리는 문제에 대처하고 자금세탁의 위험성을 방지하기 위하여 자금세탁방지(Anti-Money Laundering, AML)와 관련된 규제를 도입하였고, 우리나라도 특정 금융거래정보의 보고 및 이용 등에 관한 법률(이하 '특금법')을 개정하여 비트코인 등을 '가상자산(Virtual Asset)'으로 정의하면서 관련 규제를 도입하였다. 암호화폐, 가상통화, 가상화폐 등 여러 명칭으로 불리던 비트코인 등의 코인과 토큰을 '가상자산'이라는 개념으로 정의한 것이다.

가상자산에 대하여 본격적으로 특금법상 규제가 적용되면서, 다시 말해 가상자산이 제도권으로 편입되면서 가상자산으로 얻은 소득 역시도 과세해야 한다는 입장이 대두되었다. 이에 따라 정부는 2020년 세법 개정을 통해 관련 세법을 개정하였고, 2025. 1. 1. 이후 거래분부터 양도차익을 과세하기로 하였다. 그러나 위와 같이 가상자산과 관련된 세법 규정이 신설되었음에도 불구하고, 현재 과세 실무상으로는 가상자산과 관련하여 상당히 많은 문제가 발생되고 있다.

과세문제가 발생하는 경우는 다른 법적 문제와 마찬가지로 크게 두 가지 형태로 나눌 수 있다. 먼저, 합병·분할 세제나 양도소득세 (특히 주택)와 같이 관련 법령이 복잡하거나 미비하여 규정의 해석이 문제되는 경우이다. 반면, 부당행위계산 부인 제도와 관련하여 특수관계인에게 자산을 시가대로 양도한 것인지, 저가로 양도한 것이라도 경제적 합리성이 있는지와 같이 관련 규정이나 법리는 명백하나 거래 당시 사실관계가 어떠한 것이었는지 문제되는 경우도 있다.

그런데 가상자산 거래와 관련된 세무문제에 있어서는 두 가지 형태(법리와 사실인정)가 모두 문제된다는 점에서 개인이나 법인이 소득세나 법인세 등을 신고하거나, 과세관청으로부터 세무조사를 받는 과정에서 여러 가지 어려움을 초래한다.

특히, 가상자산은 '탈중앙화'된 자산이라는 측면에서 소유권자가 누구인지, 거래 당사자를 어떻게 특정할 수 있는 것인지 문제되는 경우가 많이 발생한다. 즉, 상품권 등과 같은 자산이 거래되는 형태와 유사한 것처럼 보이면서도, '탈중앙화'되어 있다는 특성으로 인해 동일하게 취급하기 어려운 때가 있는 것이다. 예를 들면, 필자가 가지고 있는 국내 굴지의 A백화점 상품권은 국내자산인 것이 분명하다. 그런데 필자가 탈중앙화된 가상자산 지갑(메타마스크 등)에 탈중앙화된 이더리움을 보관하고 있다면, 이는 국내에 보관하고 있는 자산인 것일까?

뒤에서 좀 더 자세히 살펴보겠으나, 현재 세법은 '개인이 가상자산 거래소에서 가상자산을 매매하는 경우'를 전제로 규정되어 있어 다른 형태로 이루어지는 거래에 대해서는 관련 규정이 불분명하거나 미비하여 해석에만 맡겨져 있는 상황이다. 즉, 실은 관련 규정만 보더라도 복잡한 합병·분할 세제나 양도소득세(특히 주택)와 같은 정도로 어려운 과세문제가 발생할 수 있는 것이다.

위와 같은 상황에서 우리나라 국세청은 가상자산의 회계적인 처리 지침이 정리되지도 않았고 세법상 취급도 불분명하였는데, 다수의 세무조사 과정을 통하여 가상자산과 관련된 과세 입장을 정리해 나가고 있다. 이는 일본이나 싱가포르 등과 같은 나라에서 먼저 가이드라인을 만든 뒤 이후 거래분부터 과세하고 있는 것과 상이한 태도이다.

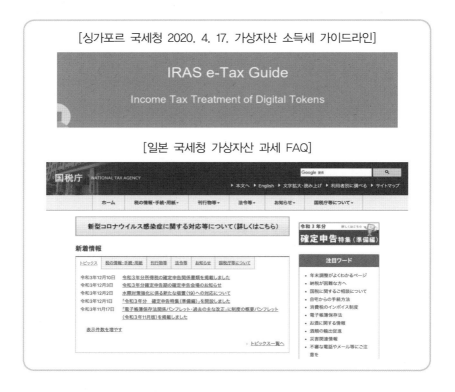

즉, 우리나라는 국세청에서 개별·구체적인 사정을 바탕으로 자신들이 생각하고 있는 합리적인 과세방안을 만들어 집행하고 있는 것이다. 이를 통해 결과적으로는 가상자산 과세와 관련된 규율의 공백이

메워지고 있다. 나아가, 위와 같은 국세청의 과세방안에 대한 불복 과정에서도 거의 대부분 과세처분이 정당하다고 판단되고 있으므로, 국세청 과세방안의 합리성이 사후적으로도 인정되고 있다.

다만, 가상자산과 관련된 세무문제는 '탈중앙화'라는 본질적 속성만 고려하더라도 복잡한데, 명확한 법령 내지 가이드라인 없이 국세청의 개별·구체적인 집행 내용을 토대로 규율의 공백이 메워지고 있는 것이다.[1] 즉, 앞서 살펴본 것과 같이 가상자산과 관련된 세무문제는 법리, 사실관계의 두 가지 측면에서 모두 문제되는 것이다. 이로 인하여 가상자산을 거래하고 있는 수많은 개인 및 법인은 가상자산의 과세문제와 관련된 불확실성에 그대로 노출되어 있다.

필자는 조세 전문 변호사로서 가상자산과 관련된 세무조사 업무와 각종 자문 업무를 수행해왔다. 본서에서는 이러한 과정에서 얻은 경험을 토대로 가상자산과 관련된 과세문제를 정리하여 소개함으로써, 가상자산 거래와 관련된 불확실성을 해소하고 과세 위험을 낮추는데 도움이 되고자 한다.

---

[1] 학계에서는 현재 세법개정이 이루어진 '개인이 가상자산 거래소에서 가상자산을 거래하는 경우' 등과 관련된 가상자산의 매매에 대해 어떻게 과세하는 것이 바람직한지에 대하여 주로 연구가 이루어져, 실제로 실무에서 문제되고 있는 규율 공백 부분에 대한 연구는 많지 않은 것으로 보인다[신상이·전홍민, "가상화폐(비트코인 등)의 과세가능성 연구", 세무와 회계저널 제19권 제5호(2018. 10.), 한국세무학회, 183~209면 ; 윤명옥, "가상화폐 거래 소득에 대한 자본이득세 과세방안: 비트코인을 중심으로", 조세연구 제18권 제2집(2018. 6.), 한국조세연구포럼, 55~88면 ; 김병일, "가상화폐에 대한 과세방안", 경희법학 제53권 제2호(2018), 경희법학연구소, 231~274면 ; 장기용, "가상자산에 대한 소득세 과세를 위한 입법론적 고찰" 세무회계연구 제64권(2020. 3.), 한국세무회계학회, 71~97면 ; 허종·윤태화, "가상자산에 관한 과세방안 연구", 상업교육연구 제34권 제2호(2020), 한국상업교육학회, 145~171면 ; 차동준, "가상자산 양도차익의 과세체계 개선방안" 국제회계연구 제98집 (2021. 8.), 한국국제회계학회, 1~24면 등 다수].

2 최근 가상자산 관련 개정세법 및 입법 동향

💱 소득세법

소득세법은 2020. 12. 29. 법률 제17757호로 일부개정되면서, 가상자산을 양도·대여함으로써 발생하는 소득을 '기타소득'으로 과세하도록 규정하였고(제21조 제1항 제27호), 기획재정부는 위와 같이 개정한 이유를 "소득 간 과세형평 제고"라고 밝히고 있다. 개정 당시에는 1년 간의 유예기간을 거쳐 2022. 1. 1. 이후 양도·대여하는 분부터 적용되도록 하였으나, 2021. 12. 8. 부칙 개정으로 2023. 1. 1. 이후 양도·대여하는 분부터 적용되도록 하여 2년의 유예기간을 두었다. 그 후에도 가상자산 시장 여건과 투자자 보호제도 정비 등을 고려하여 2022. 12. 31. 부칙 개정으로 2025. 1. 1. 이후 양도·대여하는 분부터 적용되도록 재차 가상자산 과세를 2년 유예하였다.

가상자산 거래소득은 사업소득이나 근로소득 등 다른 소득과 마찬가지로 총수입금액에서 필요경비를 공제하는 방식으로 계산한다.

총수입금액은 양도·대여함에 따른 대가이고, 필요경비는 실제 취득가액에 부대비용(수수료 등)을 포함하여 계산한다(소득세법 제37조 제1항 제3호).

소득세법 시행령 제88조에서는 가상자산 거래소득의 계산방식을 상세하게 규정하고 있다. 먼저, 가상자산 거래소득은 특금법 시행령 제10조의10 제2호 나목의 가상자산주소[2]를 기준으로 각각 계산한다(제88조 제1항). 가상자산의 거래건이 아니라 가상자산주소별로 가상자산 거래소득을 산출하도록 하고 있는 이상, 과세기간 내 손익을 통산하는 것이 허용된다고 보인다. 예컨대 업비트에서 거래된 가상자산에서는 2025년 총 1,000만 원의 이득을 보았지만, 빗썸에서 거래된 가상자산에서는 같은 해 500만 원의 손실을 본 경우 500만 원만 기타소득으로 신고하면 되는 것일까? 업비트와 빗썸의 가상자산주소는 별개이므로 위 규정을 엄격히 적용할 경우 가상자산 거래소득은 1,000만 원으로 신고하여야 할 것이다. 그러나 국세청에서는 연간 손익을 통산하여 과세한다고 밝히고 있으므로, 500만 원만 신고하면 되는 것으로 보인다.[3] 과세실무도 마찬가지로 이해하고 있다.[4]

---

2) 가상자산의 전송 기록 및 보관 내역의 관리를 위해 전자적으로 생성시킨 고유식별번호를 말한다.

3) 국세청 홈페이지 참조
(https://www.nts.go.kr/nts/cm/cntnts/cntntsView.do?mi=40370&cntntsId=238935)

4) 2022. 9. 16. 자 세무사신문 기고문 참조
(https://webzine.kacpta.or.kr/news/articleView.html?idxno=12485)
다만, 위 과세실무의 태도는 복수의 사업장을 운영하는 경우 하나의 사업장에서 결손금이 발생할 경우 다른 사업장의 소득과 통산하여 결손금 발생 여부를 판단한다는 유권해석(제도46011-11377, 2001. 6. 13.)에 기반한 것으로 보이는데, 기타소득의 경우에도 마찬가지로 적용될 수 있는지에 대하여 의문의 여지가 있다(예컨대, 가상자산 거래손실을 본 경우 다른

양도가액과 취득가액의 계산방법에 대해서는 소득세법 시행령 제88조 제2항에서 규정하고 있는데, 가상자산 사업자를 통하여 가상자산을 거래한 경우에는 이동평균법을 적용하고, 나머지 형태로 가상자산을 거래한 경우에는 선입선출법을 적용하여 양도가액과 취득가액을 계산한다.[5]

가상자산 사업자를 통한 거래의 경우 이동평균법을 적용하도록 하여, 통상적으로 계정에 표시되어 있는 매매차익과 가상자산 거래소득이 일치하도록 하였으므로 납세편의가 제고되었다고 보인다.

가상자산은 통상적으로 가상자산 사업자가 운영하는 거래소에서 원화로 매매하나, 거래소 내에서도 비트코인으로 거래할 수도 있다(이른바 BTC 마켓). 외국 거래소의 경우 달러와 연동되어 있는 스테이블코인(USDT, BUSD 등)을 기준으로 거래되고, 탈중앙화된 거래소(Uniswap 등)의 경우 이더리움 등의 가상자산을 기준으로 거래된다. 소득세법 시행령 제88조 제3항은 위와 같이 원화가 아닌 비트코인 등으로 거래된 경우 그 거래가액(비트코인의 경우 동일 시점의 가액, 스테이블코인의 경우 교환거래일 현재 기준환율 또는 재정환율에 따라 환산된 가액)에 교환비율을 적용하여 양도가액이나 취득가액을

기타소득인 복권당첨금이 있을 때 기타소득을 통산하여 계산할 수 있을까? 사업소득의 경우 2개 이상의 사업장을 가진 사업자에 대하여 접대비한도액을 사업장별로 안분계산하도록 하는 소득세법 시행령 제85조 등의 규정에 비추어 볼 때 사업장별 소득금액을 통산하여 계산하는 것처럼 취급하고 있으나, 기타소득에 대해서는 소득세법 제21조 제1항 각호별로 별개의 소득처럼 취급하고 있다고 보인다).

5) 그 밖에 필요한 사항은 국세청장이 정하여 고시하도록 규정되어 있는데, 2023. 6. 14. 현재 국세청장이 고시한 내용은 없다.

계산하도록 규정하고 있다.

다만, 2025. 1. 1. 이전에 취득한 가상자산에 대하여 당초 취득한 가액을 기준으로 과세할 경우 2025. 1. 1. 이전에 발생한 양도차익에 대하여도 과세되는 결과가 초래된다. 이를 방지하기 위하여 국세청장이 고시한 가상자산 사업자[6]가 취급하는 가상자산의 경우 해당 사업자가 2025. 1. 1. 0시 현재 공시한 가격의 평균액을, 그 외의 가상자산은 가상자산 사업자 및 그에 준하는 사업자가 공시하는 2025. 1. 1. 0시 현재 가상자산 가격을 취득가액으로 의제하되, 가상자산의 취득가액이 큰 경우 큰 금액으로 한다(소득세법 제37조 제5항 및 같은 법 시행령 제88조 제2항).

거주자는 위와 같이 계산된 가상자산 거래소득에 대하여 기본공제액 250만 원을 공제한 뒤 20%의 세율을 적용하여 세액을 계산한다. 이때 거주자가 다른 근로소득이나 사업소득이 있다고 하더라도 가상자산 거래소득만 분리하여 과세된다. 이에 따라 가상자산 소득금액이 연 250만 원 이하인 경우에는 과세되지 아니한다(소득세법 제84조 제3호). 거주자는 일반적인 종합소득세 확정신고와 마찬가지로, 매년 5. 1.부터 5. 31.까지 과세표준 확정신고를 하여야 한다.

---

6) 2021. 12. 28. 국세청 고시 제2021-58호로 제정된 가상자산 평가를 위한 가상자산 사업자 고시 제2조에서는 두나무 주식회사(업비트), 주식회사 빗썸코리아, 주식회사 코빗, 주식회사 코인원을 가상자산 평가를 위한 가상자산 사업자로 지정하고 있다.

위에서 살펴본 가상자산과 관련된 세액을 계산하는 방법을 정리하면 다음과 같다.

※ (세액 계산방법) : (① − ② − ③) × ④
① 총수입금액: 양도(매매, 교환)·대여의 대가
② 필요경비: 실제 취득가액 등*
  * 부대비용(거래 수수료, 세무 관련 비용 등) 포함
  − 가상자산주소별 취득가액 평가방법
    (1) 가상자산사업자를 통해 거래되는 가상자산: 이동평균법
    (2) 그 외의 경우: 선입선출법
  − 법 시행 전 보유한 가상자산의 의제취득가액 : Max(법 시행일 전일의 시가, 실제 취득가액)
③ ·기본공제(과세최저한) : 연 250만원
④ 세율 : 20%

소득세법은 위와 같은 가상자산 거래소득의 과세자료를 확보하기 위하여 가상자산 사업자에게 분기별로 가상자산 거래명세서[7] 및 거래집계표와 같은 자료를 제출하도록 의무를 부과하고 있다(소득세법 제164조의4 및 같은 법 시행령 제216조의4).

한편, 비거주자·외국법인의 경우 가상자산 사업자가 보관·관리

---

7) 다음과 같은 정보를 제출받도록 하고 있다.
  • 회원정보: 성명, 주민번호, 현금 입·출금에 사용하는 계좌번호 등
  • 과세기간 내 수입금액, 과세표준, 거래일자 등
  • 취급업소 간/취급업소와 개인지갑 간 가상자산 이전의 경우 등: 이전한 가상자산 수량, 이전 시점의 시가, 해당 가상자산의 취득가액 등

하고 있는 가상자산을 인출하는 경우에도 가상자산을 양도·대여한 것과 같이 보고 과세의 계기로 삼고 있다(소득세법 제119조 제12호 타목 등). 비거주자·외국법인에 대해서는 가상자산 사업자를 포함한 소득의 지급자가 해당 소득을 지급할 때 일정 금액[8]을 원천징수하는 방법으로 과세된다(소득세법 제126조 제1항 제3호 등). 기획재정부는 위와 같이 개정한 이유를 "가상자산소득에 대한 과세방법 명확화"라고 밝히고 있다. 이에 따라 실무상으로 비거주자·외국법인의 경우에는 가상자산 양도차익 등과 관련하여 개정세법과 무관하게 종전부터 계속 과세될 수 있다고 이해된다.

---

8) 양도가액×10%와 (양도가액−취득가액 등)×20% 중 적은 금액

법인세법과 상속세 및 증여세법

법인세법 시행령은 평가대상 자산 및 부채에 가상자산을 포함시키면서 선입선출법에 따라 평가하도록 하였다(제73조 제6호 및 제77조). 이에 따라 내국법인이 보유하고 있는 가상자산의 평가손실은 해당 가상자산을 매도하여 실제로 손실이 실현되기 전에는 비용 (손금)으로 인정되지 아니한다.

그리고 법인세법 시행령은 부당행위계산 부인 규정과 관련된 시가규정(제89조)에서 가상자산을 감정평가의 대상에서 제외하였고 (같은 조 제2항 제1호), 상속세 및 증여세법(이하 '상증세법'이라 한다)에 따른 보충적 평가방법이 적용되도록 하였다.

상증세법은 국세청장이 고시한 가상자산 사업자의 사업장에서 거래된 가상자산의 경우 평가기준일(상속개시일 또는 증여일) 전후 1개월간 일평균 가격의 평균액으로, 그 밖의 가상자산의 경우 거래일의 일평균 가액이나 종료시각에 공표된 시세가액 등 합리적으로 인정되는 가액으로 평가하도록 규정하고 있다(상증세법 제60조 제1항 제2호, 제65조 제2항 및 같은 법 시행령 제60조 제2항).

위와 같은 법인세법과 상증세법 개정 내용은 앞서 살펴본 소득세법과 달리 2022년 1월 1일부터 적용되었다.

다만, 국세기본법이 2022. 12. 31. 법률 제19189호로 일부개정되면서 해외 거래소를 이용하거나 개인 간 거래(P2P)를 하는 등 국내 가상사업자를 통하지 아니하고 50억 원 이상의 가상자산을 상속 또는 증여받은 경우에는 통상적인 부과제척기간 10년이 지난 경우에도 위와 같은 사실을 과세관청이 안 날로부터 1년 이내에 상속세 또는 증여세를 부과할 수 있다.

한편, 법인세법이 2022. 12. 31. 법률 제19193호로 일부개정 되면서, 특금법에 따라 신고가 수리된 가상자산사업자의 경우 2023. 1. 1. 이후 가상자산을 양도·대여하는 법인 거래와 관련하여 해당 거래가 있었던 날이 속하는 분기가 종료된 날(2023년 세법개정안에 따르면, 연간 거래집계표는 연도종료일)로부터 2개월 이내에 다음과 같은 가상자산 거래명세서 및 거래집계표를 제출하도록 하였다 (제120조의4).

[별지 제81호 서식: 가상자산거래명세서(분기별 제출용)]

[별지 제82호 서식: 가상자산거래집계표(연간 제출용)]

그리고, 위 서식에서는 거래유형과 관련하여 아래와 같이 상세한 형태로 유형을 분류하고 있는바, 과세관청에서 가상자산 거래에 대한 상당한 정보를 파악하고자 한다는 점을 확인할 수 있다.

[별지 제81호 서식: 가상자산거래명세서(분기별 제출용)]

7. 「거래유형」: 가상자산을 매도한 경우 '**매도**', 가상자산을 매수한 경우 '**매수**', 교환으로 가상자산을 양도한 경우 '**교환양도**', 교환으로 가상자산을 취득한 경우 '**교환취득**', 가상자산 대여로 소득이 발생한 경우 '**대여**', 다른 지갑주소로 이전하여 인출되는 경우 '**이전**', 외부에서 가상자산이 예입된 경우 '**인입**', 기타 가상자산을 취득하는 경우 '**기타**'로 구분하며, 아래 표를 참조하여 해당하는 코드를 적습니다.

※ 「거래유형」별 양도된 통, 등취득 통, 등거래상대방은 아래 작성방법 참조(거래유형별 해당 가상자산의 거래금액을 합단위까지 적습니다)

①코드	유형	거래유형	양도된 통	등취득 통	등거래상대방
01	매도	가상자산 매도(가상자산A→원화)	가상자산A의 매도가액과 매도 당시 수수료를 적습니다.	빈칸	빈칸
02	매수	가상자산 매수(원화→가상자산A)	빈칸	가상자산A의 취득가액과 취득 당시 수수료를 적습니다.	빈칸
03	교환양도	가상자산 교환(가상자산A→가상자산B)	가상자산A의 교환가액과 교환 당시 수수료를 적습니다.	빈칸	빈칸
04	교환취득	가상자산 교환(가상자산A→가상자산B)	빈칸	가상자산B의 취득가액과 교환 당시 수수료를 적습니다.	빈칸
05	대여	가상자산 대여에 대한 대가 수령(대여 예시: 예치서비스 등)	가상자산 대여로 인하여 수령한 대가와 발생되는 수수료를 적습니다.	빈칸	대여소득 지급자의 인적사항과 가상자산주소(지갑 소재지와 주소)를 적습니다.
06	이천	다른 가상자산주소(지갑주소)로 이천	빈칸	빈칸	가상자산 수취인의 인적사항과 가상자산주소(지갑 소재지와 주소)를 적습니다.
07	인입	외부에서 가상자산 예입	빈칸	빈칸	가상자산 송신인의 인적사항과 인출된 가상자산주소(지갑 소재지와 주소)를 적습니다.
99	기타	기타 가상자산 취득(스테이킹, 하드포크, 에어드랍 등)	빈칸	가상자산 취득가액과 취득 당시 수수료를 적습니다.	지급자의 인적사항과 가상자산주소(지갑 소재지와 주소)를 적습니다.

　그런데, 법인사업자의 경우 대부분의 가상자산거래소에서 실명확인이 안된다는 이유로 원화 입출금 및 원화 마켓의 이용이 불가능한 형태로 제한적으로 이용하거나, 회원가입 자체가 안되는 상황이다. 이에 따라 특별한 사정이 없는 한 가상자산사업자가 위 명세서를 제출하는 거래가 많지는 않을 것으로 보인다. 다만, 동일한 형태의 규정이 소득세법에서도 동일한 규정이 있는데(제164조의4 등), 그 시행시기가 2025. 1. 1.로 되어 있는바, 법인세법에 따른 신고의무 이행 과정을 통하여 과세관청에서 추가로 필요한 자료가 있다고 보는 경우에는 향후 제출되는 정보가 확대될 수도 있을 것으로 예상된다.

[업비트 고객센터]

법인회원 가입 방법 안내

법인회원은 방문 가입만 가능합니다.
가입을 원하시면 아래 내용을 참고하시고, 방문 일정 예약을 위해 우선 고객센터로 문의해 주시기 바랍니다.

법인회원 가입 신청 전 확인해 주세요.

1. 법인회원은 원화 입출금 및 원화(KRW) 마켓 이용이 불가합니다.
   (디지털 자산 입출금, BTC 마켓과 USDT 마켓에서의 매매만 가능합니다.)
2. 출금한도는 최대 50억 원입니다.
3. 업비트 로그인 아이디로 사용하실 이메일 주소가 필요합니다. 해당 주소로 이메일 수신이 반드시 가능해야 합니다.
4. 가입을 위해서는 필요 서류를 지참하여 대표자 혹은 직원(대리인)이 직접 업비트 라운지로 방문하셔야 합니다.
   방문 상담은 평일 10시~17시에 가능하며, 미리 고객센터로 문의하여 방문 일정을 예약하시기 바랍니다.
   카카오톡 상담 및 1대1 문의 (24시간 상담 가능)
   전화 상담: 1588-5682 (평일 09:00 ~ 18:00)
5. 방문하여 신청 서류를 접수해 주시면 심사 후 문자 또는 이메일로 심사 결과를 안내드립니다.

[빗썸 고객센터]

Q. 법인은 회원가입이 가능한가요?

■ Q. **법인은 회원가입이 가능한가요?**

현재 법인은 회원가입 정책 재정비 및 가입 절차 개선을 위해 회원가입이 중단되었습니다.

기타 세법 (국제조세조정에 관한 법률, 국세징수법)

국제조세조정에 관한 법률(이하 '국조법')은 5억 원을 초과하는 해외금융계좌의 경우 다음연도 6월 1일부터 30일까지 납세지 관할 세무서장에게 해외금융계좌 정보를 신고하도록 하고 있다. 이와 같이 신고해야 하는 해외금융계좌의 범위에 가상자산의 거래를 위하여 개설한 계좌 역시도 포함시켰고, 매월 수량 및 가격을 기준으로 잔액을 계산하도록 하였다(국조법 제52조 및 같은 법 시행령 제93조 제1항 제6호).

국세징수법은 관할 세무서장이 가상자산을 압류하려는 경우 체납자 또는 체납자의 가상자산을 보유하고 있는 가상자산 사업자에게 가상자산의 이전을 요구할 수 있도록 규정하였다(제55조 제3항). 그리고 압류된 재산의 경우 원칙적으로 공매 또는 수의계약의 방식으로 매각되어야 하나, 주식과 유사하게 가상자산 사업자를 통하여 거래가 가능한 가상자산의 경우 시장에서 직접 매각할 수 있도록 하였다 (제66조 제2항 제2호). 이 경우 체납자 등에게 가상자산을 매각한다는 사실을 통지하도록 하고 있다(제66조 제3항).

한편, 지방세징수법 역시도 국세징수법과 마찬가지의 규정을 두고 있어(제61조 제3항 등), 최근 지방자치단체에서는 지방세 체납자의 주민등록번호로 가상자산사업자의 계정조회를 의뢰하는 등 적극적으로 체납세액 징수업무를 수행하고 있다.

가상자산 관련 세법개정 내용 정리

이상과 같이 입법자는 기본적으로 가상자산과 관련하여 '개인이 가상자산 거래소에서 가상자산을 거래하는 경우'를 전제로 하여 소득세법 등을 개정한 것으로 보인다.

그런데 가상자산 관련 사업의 경우 가상자산 또는 NFT 발행업체, 거래소 내지 P2P 플랫폼 업체, 가상자산 운용업체 내지 가상자산 담보대출업체 등 다양한 업태를 가진 기업들이 존재하고 있고, 전통적인 산업의 시각에서는 쉽게 이해하기 어려운 거래 형태도 이루어지고 있다. 이에 따라, 가상자산과 관련된 최근 개정 내용만으로는 위와 같은 거래에 대하여 세법이 어떻게 적용되어야 할지에 대해 불분명한 측면이 여전히 존재한다고 할 것이다.

가상자산사업법, 가상자산 합동수사단 등 최근 입법, 수사기관 동향

가상자산 이용자 보호 등에 관한 법률(이하 '가상자산이용자보호법')은 2023. 7. 18. 법률 제19563호로 제정되었고, 2024. 7. 19. 시행될 예정이다. 가상자산이용자보호법은 자금세탁방지에만 초점을 맞춘 특금법과 달리, 가상자산과 관련된 전반적 내용을 담았다. 이는 가상자산 관련 규율이 필요한 사항 중에서 주로 '이용자 보호'와 '불공정거래' 관련 내용을 담은 1단계 입법이고, 정부와 국회는 향후 국제기준에 맞춰 가상자산 발생과 공시 등에 관한 2단계 입법을 추진할 계획으로 알려져 있다. 이와 같이 이른바 가상자산사업법의 형태로 통합적인 법제도를 도입하는 대신 이용자 보호와 불공정거래 부분에 대하여 먼저 법안을 제정한 이유는 테라-루나 사태, 미국의 FTX 파산, EU의 가상자산시장법(MiCA) 제정 등 국내외 상황과도 무관하지 않아 보인다. 특히 가상자산에 관하여 불공정거래행위를 한 자에 대해서는 형사처벌 외에도 이득액의 2배 또는 40억 원 이하의 과징금을 부과할 수 있도록 하였다. 이러한 점에서 불공정거래 규제에 관한 입법기관의 의지를 확인할 수 있다.[9]

나아가, 서울남부지방검찰청(이하 '남부지검')에서 2023. 7. 26. 가상자산범죄 합동수사단(이하 '가상자산 합수단')이 출범했다.

---

9) 이와 같은 불공정거래와 관련된 규제뿐만 아니라 가상자산 사업자는 이용자의 예치금을 고유재산과 분리하여 은행 등 공신력 있는 기관에 예치 또는 신탁하여 관리할 의무를 부담하고(가상자산이용자보호법 제6조 제1항), 대통령령으로 정하는 경우 외에는 예치금을 양도하거나 이를 담보로 제공할 수 없는(가상자산이용자보호법 제6조 제3항) 등 이용자 자산 보호와 관련된 규제 역시도 규정하고 있다.

위와 같이 가상자산이용자보호법의 제정을 감안하여 검찰, 금융감독원, FIU(금융정보분석원), 국세청, 관세청, 한국거래소, 예금보험공사 등 7개 기관에 소속된 조사·수사 전문인력 30여 명으로 구성된 가상자산 합수단이 출범한 것이다. 가상자산 합수단은 가상자산이용자보호법의 시행을 염두에 두고 출범한 것이기는 하나, 그전에도 ① 단기간 내 상장폐지된 가상자산, ② 투자유의로 지정된 가상자산 관련 상장 비리, ③ 가상자산 시장 내에서 발생한 불공정거래행위 등에 관하여 신속하게 수사를 착수할 예정이라고 밝혔다. 이를 통해 i) 상장 청탁 업체, 뒷돈 수수 거래소 관계자 또는 ii) MM[10] 작업 등을 통한 가상자산 시세조종, 미공개 정보 이용, iii) 그 밖에 조세포탈, 불법 외화반출, 범죄수익 은닉 및 자금세탁 등의 범죄 행위를 중점 수사 대상으로 삼겠다고 밝혔다.

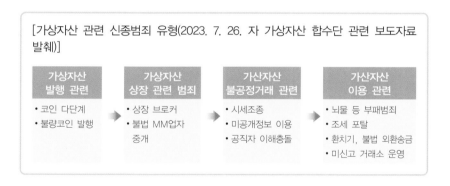

[가상자산 관련 신종범죄 유형(2023. 7. 26. 자 가상자산 합수단 관련 보도자료 발췌)]

---

10) 이와 관련하여 검찰은 Market Making이라는 개념을 인위적 시세조종행위로 정의하고 있다.

이상과 같이 가상자산 투자와 관련하여 이용자 보호 등을 위해 최근 입법부에서 관련 규제를 도입했을 뿐만 아니라, 검찰에서도 가상자산 합수단을 통해 관련된 수사를 면밀하게 진행할 것으로 예상된다.

3 최근 가상자산 관련 회계처리 동향

최근 금융감독원은 가상자산과 관련된 회계처리 기준을 명확히 하기 위하여 준비해왔고, 금융위원회는 2023. 7. 11. 가상자산 관련 필수 공시사항을 추가하는 내용의 회계기준을 신설하고, 가상자산의 회계처리와 관련된 감독지침 초안도 논의하였다고 밝혔다.

위와 같은 필수 공시사항과 감독지침의 구체적인 내용을 살펴보기에 앞서 가상자산 관련 회계처리 방식에 대한 그동안의 논의 경과를 살펴볼 필요가 있다.

가상자산 관련 회계처리 방식에 대한 그동안의 논의 경과 및 상장사 현황

블록체인 기술 기반의 산업이 급격히 성장하면서 그 매개체인 토큰 등 가상자산 거래가 활발해지고, 이에 따라 기업의 회계에 미치는 영향이 점차 증가해 왔다. 그럼에도 불구하고, 아직까지 명확한 회계처리 지침이 없어 회계정보 이용자들에게 정확한 정보가 제공되지 못하였다.

먼저, 회계적 판단 시에 경제적 측면 외에도 법률적 소유권 등이 고려되어야 하는데, 가상자산과 관련한 법적 지위가 그간 제대로 확립되어 있지 않았다. 즉, 가상자산과 관련하여 법적 취급이 불분명했던 것이다.

또한, 국제적으로도 가상자산과 관련하여 회계처리 방식에 대해 불명확한 측면이 많았다. 독자적 회계기준을 사용하는 미국과 일본은 가상자산 사업자의 고객위탁 가상자산 회계처리에 대한 지침을 내놓거나, 가상자산 보유자에 대한 회계처리기준 공개초안을 발표하는 등 적극적으로 회계처리 지침을 공표하고 있는데 반하여, 국제회계기준(IFRS)을 제정하는 국제회계기준위원회(IASB)는 가상자산 관련 회계처리기준 제정에 상대적으로 미온적[11]이었기 때문이다.

이러한 점을 감안하여 한국회계기준원, 주요 회계법인, 학계 등 회계전문가들은 2022년에 여러 차례에 걸쳐 가상자산 관련 회계쟁점을 파악·논의하고, 2023년에는 금융위, 금감원, 회계기준원이 회계쟁점에 대한 심도있는 논의를 이어왔다. 아울러, 가상자산 주석공시 모범사례 및 감사절차 가이드라인에 대해서도 2022년 12월경 관계기관 합동

---

11) IASB는 2022년 4월경 향후 5개년(2022~2026년) 업무계획 수립 시 '가상자산 거래'를 제외하였다.

세미나를 통해 이해관계자의 의견도 꾸준히 수렴해 왔다.

한편, 가상자산을 발행한 상장사(카카오, 위메이드, 넷마블, 네오위즈 홀딩스, 다날)는 해외자회사를 통하여 총 10종의 가상자산을 발행하였다. 그리고 2022년까지 유상매각한 가상자산은 8종, 총 7,980억 원이며, 유상매각 후 수익을 인식한 금액은 3건으로 총 1,126억 원이라고 하였다. 발행 후 유통(유상매각, 무상배포 등)되지 않은 내부유보(Reserve) 물량은 254억 개로, 총 발행물량(310억 개) 대비 81.7% 수준에 다달았다.

발행 회사	주요 사업	상장 구분		발행 연도
		상장	비상장	
㈜카카오	인터넷, 게임	BORA, KLAY	–	2018년/ 2019년
㈜위메이드	게임	위믹스	–	2020년/ 2022년[12]
넷마블	게임	MBX, FANCY	–	2022년
네오위즈 홀딩스	게임	NEOPIN	S2, Brave, Intella X	2022년
㈜다날	지급결제	페이코인		2019년

그리고 상장회사가 보유한 제3자 발행 가상자산의 시장가치는 2022년 12월 말 기준으로 2,010억 원(재무제표에 인식한 금액은 1,392억 원)이었고, 보유 중인 가상자산 중 KLAY(카카오 발행)의 시장가치 비중이

---

12) 위믹스 클래식은 2020년에 발행되었고, 위믹스는 2022년에 발행되었다. 위믹스 클래식은 위믹스로 변환 가능하다.

556억 원으로 가장 높고, USDC(299억 원), USDT(181억 원) 순이었다.

(2022년 12월 말 기준, 단위: 억 원)

가상자산명	시장가치	장부금액	비고
KLAY	556	189	
USDC	299	335	
USDT	181	181	
비트코인	86	84	
이더리움	39	34	
기타	849	569	Wemix, MBX, FANC 등
합계	2,010	1,392	

마지막으로 국내 5개 가상자산 사업자(업비트, 빗썸, 코인원, 코빗, 고팍스)의 경우 자체 보유하는 가상자산은 2022년 말 총 3,710억 원으로 전년 대비 5,330억 원 감소하였고, 위탁된 고객의 가상자산은 2022년 말 총 18조 3,067억 원으로 전년 대비 34조 9,491억 원 감소하였다.

(단위: 억 원, %)

구분	2022년 말	전년 대비 금액(비율)	2021년 말
자체 보유 가상자산	3,710	△5,330 (59.0↓)	9,040
고객위탁 가상자산	183,067	△349,491 (65.6↓)	532,558

가상자산 회계처리 감독지침 주요 내용

감독지침은 회계분야와 관련된 유권해석으로서, 새로운 회계기준이 아니고 현재 적용 중인 IFRS를 합리적으로 해석하여 구체적 처리방향을 시장에 안내하는 것이다. 증권선물위원회는 그동안 총 8차례에 걸쳐 감독지침을 발표해 왔는데, 新산업 회계처리의 불확실성을 해소하는 측면에서는 2022년 9월경 「제약·바이오 산업 주요 회계처리에 대한 감독지침」을 안내한 것에 이어, 두 번째로 발표한 것이다.

먼저, 가상자산 발행자와 관련하여서는 발행하여 수행의무를 완료하면 그때 모두 매각대가를 수익으로 인식하고, 지출비용 역시 특별한 사정이 없는 한 비용으로 회계처리를 하도록 하였다. 구체적인 내용은 아래와 같다.

- 이제까지는 회사가 발행한 가상자산을 고객에게 매각하고 받은 금전 대가를 즉시 수익으로 인식할 수 있는지가 다소 불분명한 측면이 있었다. 이에 따라 수행의무를 식별하여 수익인식 시기를 결정하는데 대한 구체적 지침이 없어 수익인식 시점에 대한 판단기준이 발행 주체마다 달랐고, 회사와 감사인이 이견을 표출하는 사례도 있었다. 이에 따라 앞으로는 판매 목적이라면 수익 기준서(K-IFRS 제1115호)를 적용하며, 회사가 가상자산 보유자에 대한 의무[13]를 모두 완료한 이후에 가상자산의 매각

---

13) 가령 ① 가상자산을 이전하기만 하면 되거나, ② 플랫폼까지 구현해야 하거나, ③ 구현된

대가를 수익으로 인식하도록 한다. 수행의무를 명확히 파악하고 그 의무의 성격과 범위를 고려하여 수익인식 시기를 판단하며, 의무를 완료하기 전 회사가 수령한 대가는 부채로 인식해야 한다. 또한, 극히 예외적인 경우를 제외하고는 발행회사에게 부여된 의무의 범위를 사후적으로 임의 변경하여 부채로 인식한 매각대가의 수익인식 시점을 앞당기지 않도록 하였다.

- 가상자산 및 그 플랫폼을 개발하는 과정에서 지출된 원가는 가상자산 및 그 플랫폼을 무형자산으로 인식할 수 없거나, 관련 개발활동이 무형자산 기준서(K-IFRS 제1038호)에서 규정한 개발활동에 해당한다는 명확한 근거[14]를 제시할 수 없다면 발생 시 비용으로 회계처리하도록 한다. 만약 회계기준상 엄격한 요건을 충족하여 무형자산으로 인식하는 경우에는 이후 본질적 가치의 손상 여부에 대해 매 회계연도마다 검토해야 한다. 또한, 발행회사가 발행 후 자체 유보(Reserve)한 가상자산에 대해서는, 가상자산과 직접 관련되는 원가가 있는 극히 예외적인 경우를 제외하고는 취득원가가 없는 만큼 재무제표에 자산으로 계상하지 않도록 한다.

플랫폼 내에서 발행자가 재화·용역을 이전해야 하는 등 다양한 수준·단계의 의무가 존재한다. 가상자산의 이용가치는 플랫폼 활성화, 보유자에게 제공되는 재화·용역의 가치에 좌우되는 만큼 백서상 발행회사에게 이에 대한 추가 의무가 부여되는 경우가 일반적이기 때문이다.

14) 개발된 가상자산이 향후 시장에서 거래되어 가치가 충분히 형성될 수 있는지 등 총 6가지 요건을 말한다.

다음으로, 가상자산 보유자와 관련하여서는 일부 가상자산에 대하여 금융상품의 정의를 충족하는 경우 관련 기준서를 적용할 수 있도록 하였다. 즉, 그동안 IFRS 해석위원회는 2019년 6월 가상자산 '보유자'에 대해서 판매목적 여부에 따라 무형자산 또는 재고자산으로 분류만을 제시하여, 가상자산이 자본시장법상 토큰증권에 해당하는 경우 금융자산·부채 분류가 허용되는 것인지에 대해 의문이 있어 왔는데, 앞으로는 토큰증권이 금융상품 기준서(K-IFRS 제1032호)에 따른 금융상품의 정의를 충족하는 경우에는 금융자산·부채로 분류하고 관련 기준서를 적용할 수 있도록 하였다.

금융상품은 특정 기업에게는 금융자산을, 거래 상대방에게는 금융부채 또는 지분상품을 발생시키는 계약을 의미하는데, 금융자산은 거래 상대방으로부터 현금이나 다른 금융자산을 수취할 계약상 권리 또는 잠재적으로 유리한 조건으로 거래 상대방과 금융상품을 교환하기로 한 계약상 권리 등을 의미하고, 금융부채는 현금이나 다른 금융자산을 인도할 계약상 의무 또는 잠재적으로 불리한 조건으로 거래 상대방과 금융상품을 교환하기로 한 계약상 의무 등을 말한다.

또한, 가상자산 사업자의 경우 고객위탁 가상자산에 대하여 경제적 통제권을 고려하여 자산·부채로 인식할 수 있도록 하고, 국제 동향을 감안하여 경제적 통제권을 판단하도록 하였다.

① 미국의 경우 사업자의 보호의무 및 법적 모호성에 따른 유의적 위험을 고려하여 SEC는 2022년 3월경 위탁가상자산 관련 의무를 부채(및 자산)로 인식토록 지침을 발표하였다.
② 일본의 경우 2016년 암호자산의 재산적 가치, 사업자의 법적 지위 등을 규정한 자금결제법을 개정하였고, 사업자가 자산·부채로 인식하도록 회계처리기준을 제정하였다.
③ 유럽의 경우 유럽재무보고자문위원회(EFRAG)에서 2020년 7월경 암호자산 회계기준 토론서를 발표할 때 고객위탁 암호자산의 경제적 통제 판단지표(보호방법 등 수준 고려)를 제시하였다.

마지막으로, 가상자산에 대한 공정가치 측정에 참고할 수 있도록 가상자산 거래에 있어 활성시장, 공정가치 등의 개념에 대한 구체적 조건을 사례와 함께 충실히 제공하여 회사와 감사인이 재무제표 작성과 감사절차 수행 시에 참고할 수 있도록 하였다.

가상자산 관련 주석공시 의무화

회계정보 이용자가 회사의 가상자산 관련 거래 및 보유에 대한 충분하고 검증된 정보를 제공받을 수 있도록 앞으로는 주석공시를 의무화하였다.

먼저, 가상자산 발행자의 경우 해당 가상자산의 수량·특성, 이를 활용한 사업모형 등 일반정보를 포함하여 가상자산의 매각대가에 대한 수익인식 등 회계정책과 수익인식을 위한 의무이행 경과에 대한 회사의 판단까지 상세히 기재하도록 의무화하였다. 특히, 가상자산 발행 이후 자체 유보(Reserve)한 가상자산에 대해 보유정보 및 기중 사용내역(물량 포함)까지 공시하도록 하였다.

다음으로, 투자목적 등으로 가상자산을 보유한 상장회사의 경우 가상자산의 분류기준에 대한 회계정책, 회사가 재무제표에 인식한 장부금액 및 시장가치 정보(물량 포함)를 기재토록 하여 회계정보 이용자들이 가상자산에 투자한 회사가 받게 될 영향을 충실히 파악할 수 있도록 관련 정보 제공을 의무화하였다.

마지막으로, 가상자산 사업자의 경우 자산·부채로 인식하는지 여부와 관련 없이, 보유한 고객위탁 가상자산의 물량과 시장가치 등의 정보를 가상자산별로 공시하도록 하는 한편, 가상자산 보유에 따른 물리적 위험(해킹 등) 및 이를 예방하기 위한 보호수준 등에 대한 정보도 같이 제공토록 하였다.

4 최근 가상자산 관련 국세행정 동향(2023. 9. 국세행정포럼 등)

2023. 9. 국세행정포럼

국세청은 2023. 9. 15. 국세행정포럼에서 김범준(서울시립대 법학전문대학원 교수), 김석환(강원대 법학전문대학원 교수) 교수가 연구한 '가상자산을 활용한 탈세 대응 방안'을 통해 가상자산과 관련된 국세행정의 현황을 분석하고 개선방안을 모색하였다.[15] 구체적인 보고서의 내용은 다음과 같다.

금리·물가 상승에 따른 실물경제 위축, 테라-루나 사태 등의 영향으로 가상자산 시장이 약세 상황(Crypto Winter)임에도 가상자산 거래소 이용자가 627만 명, 시가총액은 19.4조 원에 이르는 등 가상자산은 일상경제 전반에 확산되었다. 아울러, 2025년부터 거주자의 가상자산 거래소득에 대해 과세가 이루어질 예정으로, 과세제도의 시행에 앞서

---

15) 이 부분 보고서의 상세 내용은 원문을 구하기 어려워 국세청 보도자료에 근거하여 정리하였다.

가상자산 과세대상 유형, 거래 소득구분에 관한 기준을 명확히 하고, 납세협력 의무 부과 등 입법적인 개선 노력과 가상자산 추적기술 개발, 과세관청의 가상자산 전담인력·예산확보 등 행정적인 개선 노력을 통해 가상자산을 활용한 탈세를 미연에 방지할 필요가 있다고 하였다.

먼저, 가상자산의 유형과 소득구분에 대해 분석하였다. 가상자산의 유형이 다양해지면서 가상자산 유형별 소득구분에 대한 명확한 판단기준 제시가 어렵다고 하였다. 2025년 시행될 예정인 소득세법은 관련 법령(특금법, 가상자산이용자보호법)에서 규정한 가상자산 양도·대여 관련 소득을 기타소득 과세대상에 포함시키고 있는데, 위와 같은 입법을 유지하되 향후 가상자산 유형 및 분류 체계의 확립에 맞추어 양도·대여의 적용 범위와 소득구분을 구체화할 수 있을 것으로 보았다. 그리고 2025년 시행될 예정인 금융투자소득 과세와 가상자산 소득구분을 연계하여 검토할 필요가 있다고 하였다.

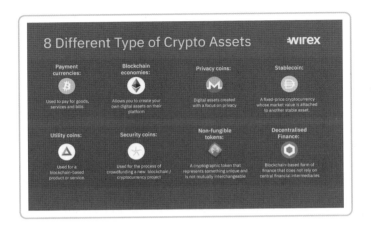

　다음으로, 과세대상인 가상자산 거래유형을 확대할 필요가 있다고 하였다. 2025년 시행 예정인 소득세법은 과세대상 거래를 양도와 대여로 한정하여, 그 외 거래유형은 과세대상에 포함되지 않는다. 그런데 가상자산 기술의 발전 속도가 빠르고 거래유형이 다양하므로, 양도·대여 외 유사소득의 실태를 파악하고 과세하는 방안을 연구할 필요가 있다고 하였다.

　또한, 해외 가상자산 거래소를 이용한 탈세를 대비할 필요가 있다고 하였다. 해외 거래소를 통해 거래를 하는 경우 거래정보 제출 등 충실한 의무이행을 기대하기 어렵고, 해외금융계좌 신고로도 정확한 과세정보 파악에 어려움이 있어 제도·행정적 개선방안을 마련할 필요가 있다는 것이다. OECD는 각국 과세관청이 가상자산 관련 정보를 다른 나라의 과세관청과 자동적으로 교환하는 체계를 발표하였는데, 향후 OECD 가상자산 정보 자동교환 협정에 참여하는 경우 협정내용을 원활하게 수행하기 위하여 가상자산 사업자와 당국 간의 협력체계를 구축하고 관련 법령을 재정비하는 방안을 모색할 필요가 있다고 하였다.

■ OECD CARF(Crypto-Asset Reporting Framework): 다자간 가상
  자산 정보교환체계

가상자산 사업자는 이용자의 인적사항과 납세자 번호, 가상자산의 명칭, 보유수량, 공정시장가치 등을 ① 각국 과세관청에 보고해야 하고, 각국 과세관청은 보고대상 정보를 ② 다른 나라 과세관청과 자동적으로 교환하며, CARF 보고체계가 제대로 작동할 수 있도록 ③ 국내법령 정비를 권고함.

마지막으로, 탈중앙화 플랫폼을 이용한 탈세에 대비하여야 한다고 하였다. 중앙기관의 개입·통제 없이 이루어지는 P2P 네트워크를 통한 거래를 하는 경우 과세정보 수집에 어려움이 있다. 탈중앙화 거래에 대한 세원확보를 위해서는 과세관청의 가상자산 추적기술 및 역량을 확보하는 것이 중요하므로, 과세관청에 가상자산 연구·추적을 전담하는 인력·예산을 확충할 필요가 있다고 보았다. 또한, 가상자산 과세의 실효성 확보를 위해 과세정보 파악에 필요한 납세협력 의무를 부과하고, 보고의무 위반에 따른 적절한 수준의 제재방안을 모색할 필요가 있다고 밝혔다.

이상과 같이 위 보고서에 비추어 볼 때, 국세청은 향후 가상자산과 관련된 탈세 위험을 절감시키기 위하여 관련된 정보를 파악하는

데에 전력을 경주할 것으로 보인다. 나아가, 최근 유럽연합(EU) 재무장관들은 2023. 10. 18. OECD CARF에 근거하여 가상자산 업계 기업들이 세무당국에 고객의 가상자산 보유 정보를 의무적으로 공유하는 방안(DAC8)을 통과시켰고, 관보에 게재된 날로부터 20일 후에 효력이 발생하므로, 다음 달부터 정보교환이 시작될 예정이다. 즉, 과세관청에서는 가상자산과 관련하여서도 일반적인 금융정보와 마찬가지로 과세관청이 확보할 수 있는 장치를 두고자 하는 것으로 이해된다. 다만, 가상자산은 '탈중앙화'되어 있다는 특성이 있는바, 일반적인 금융정보와 같이 실제로 정보가 교환될 수 있을지 의문이 있다.

 ## 가상자산의 재산은닉행위 관련

국세청은 2021. 3. 15. 가상자산으로 재산을 은닉한 체납자에 대하여 정부부처 최초로 강제징수를 실시하였다고 밝혔다. 대법원에서는 가상자산을 몰수의 대상인 재산적 가치가 있는 무형재산에 해당한다고 판결하였기 때문에, 충분히 강제징수 대상이 될 수 있다고 본 것이다.[16]

---

16) 대법원은 가상자산을 몰수의 대상인 재산적 가치가 있는 무형재산에 해당한다고 판결(대법원 2018. 5. 30. 선고 2018도3619 판결)하였고, 법원 역시도 아래와 같이 채무자의 거래소에 대한 반환청구권 등에 대하여 채권압류가 가능한 것으로 판단하여, 강제집행을 실시하였다.
  ① 거래소에 대한 가상자산 출급청구채권을 가압류 대상으로 인정(울산지방법원 2018. 1. 5. 자 2017카합10471 결정)
  ② 가상자산 전송, 매각 등 이행청구권을 가압류 대상으로 인정(서울중앙지법 2018. 2. 1.

국세청은 가상자산 거래소로부터 체납자의 가상자산 보유 현황 자료를 수집·분석하여 압류 등 강제징수를 실시한 결과, 가상자산으로 재산을 은닉한 고액체납자 2,416명에 대하여 약 366억 원을 현금징수하거나 채권확보하였으며, 또한 이 중 222명에 대해서는 부동산 양도대금 은닉 등 추가적인 강제징수 회피 혐의가 확인되어 추적조사를 실시하고 있다고 하였다. 이번 강제징수 시 가상자산으로 은닉한 사실을 확인하여 현금징수·채권확보한 유형은 다음과 같다.

유형 1   **병원 사업소득을 가상자산으로 은닉한 고소득 전문직**

- 체납자 A는 서울 강남에서 ○○병원을 운영하며 고가 아파트에 거주하는 등 호화생활을 하고 있는 전문직 사업자이나 체납액 27억 원을 납부하지 않고, 수입금액을 가상자산으로 39억 원 은닉(현금징수)

유형 2   **전자상거래업 수입금액을 가상자산으로 은닉**

- 체납자 B는 농산물 전자상거래업을 운영하는 사업자로 체납액 6억 원을 납부하지 않고, 수입금액을 가상자산으로 14억 원 은닉(압류·채권확보)

유형 3   **고액의 부동산 양도대금을 가상자산으로 은닉**

- 체납자 C는 경기도 소재 부동산을 48억 원에 양도 후 양도소득세 12억 원을 납부하지 않고, 고액의 양도대금을 가상자산으로 12억 원 은닉(현금징수)

자 2017카단817381 결정)
③ 가상자산 반환청구채권을 가압류 대상으로 인정(서울중앙지법 2018. 3. 19. 자 2018카단802743 결정)
④ 구매대행업자에 대한 가상자산 지급청구권을 대상으로 가압류 인정(서울중앙지법 2018. 4. 12. 자 2018카단802516 결정)

- 체납자 D는 부친 사망으로 상속받은 금융재산 17억 원에 대한 상속세 2억 원을 납부하지 않고, 상속 재산을 가상자산으로 5억 원 은닉(압류 · 채권확보)

- 체납자 E는 특수관계자들로부터 수차례에 걸쳐 증여받은 재산을 과소신고 하여 발생한 체납액 26억 원을 납부하지 않고, 증여받은 재산을 가상자산 으로 1억 원 은닉(압류 · 채권확보)

이상과 같이 국세청은 국내 가상자산 거래소를 통해 상당한 자료를 확보하고 있다. 그리고 최근에는 가상자산 형태로 되어 있는 은닉 재산을 파악하는 조사기법이 보다 선진화되었을 것으로 보인다. 이러한 점에서 통상적인 인식과 달리 가상자산을 통해 재산을 은닉하는 것은 쉽지 않다고 할 것이다.

Part
02 가상자산 투자자에게 발생하는 세무문제 등

2025년 전에는 가상자산으로 번 돈이 과세 안 될까?

문제의 소재

소득세법은 열거주의 과세제도를 채택하여 제2장 제2절 제2관 및 제3장에서 소득의 종류를 엄격하게 열거한 후, 각 소득별로 필요경비, 분리과세, 원천징수의무 등을 구별하여 규정하고 있다. 이와 같이 소득세법은 열거된 소득에 대하여만 소득세를 부과하도록 규정하고 있으므로, 소득세법에 규정되어 있지 아니한 소득에 대해서는 소득세를 부과할 수 없다. 대법원도 같은 취지로 보고 있다(대법원 2007. 9. 6. 선고 2007도299 판결17) 등).

그런데 소득세법에서는 사업소득을 "영리를 목적으로 자기의 계산과 책임하에 계속·반복적으로 행하는 활동을 통하여 얻는 소득"으로

---

17) "소득세법은 소득세 부과대상이 되는 소득을 일일이 열거하여 그 열거된 소득에 대하여만 소득세를 부과하도록 규정하고 있으므로 소득세법에 규정되어 있지 아니한 소득에 대해서는 소득세를 부과할 수 없는 것인바"

규정하고 있다(제19조 제1항 제21호). 즉, 어떠한 개인이 계속·반복적인 활동으로 소득을 얻는 경우에는 해당 소득과 관련하여 소득세법 제19조 제1항 제21호에 따라 사업소득으로 과세될 수 있는 것이다.

가상자산의 경우 변동성이 크고 24시간 연중무휴로 거래되고 있기 때문에, 알고리즘을 이용한 이른바 트레이딩 봇을 통하여 거래되는 경우가 많다. 세계 최대 가상자산 거래소인 바이낸스(Binance)의 경우에도 API(Application Programming Interface)를 통하여 가상자산을 거래할 수 있도록 하고 있다. 이러한 측면에서 어떠한 개인이 계속·반복적으로 가상자산을 거래하여 일반적인 근로 제공으로 얻을 수 있는 소득과 비교할 수 없을 정도로 큰 규모의 소득을 얻을 수도 있다.

[Binance API 설명자료]

위와 같은 상황을 감안할 때, 어떠한 개인이 계속·반복적으로 거래행위를 반복하여 가상자산 거래소득을 얻는 경우, 가상자산 거래소득이 기타소득으로 과세되는 2025. 1. 1. 이전에도 소득세법 제19조 제1항 제21호에 따라 '사업소득'으로 보고 과세될 수 있는지 여부가 문제된다.

사업소득 여부에 대한 검토

(1) 사업소득의 개념 징표

앞서 살펴본 소득세법 제19조 제1항 제21호에 따라 현재 과세관청은 물론 법원도 사업소득의 개념요소로 ① 독립성(자기의 계산과 책임), ② 계속·반복성, ③ 영리목적성을 기준으로 사업소득 여부를 판단하고 있다(소득세법 집행기준 21-0-10, 대법원 2017. 7. 11. 선고 2017두36885 판결 등).

소득세법에서 규정하는 사업소득은 영리를 목적으로 독립된 지위에서 계속·반복적으로 하는 사회적 활동인 사업에서 발생하는 소득을 뜻한다. 어떠한 소득이 사업소득에 해당하는지 아니면 일시소득인 기타소득에 해당하는지는 그 소득이 발생한 납세의무자의 활동 내용, 기간, 횟수, 태양 그 밖에 활동 전후의 모든 사정을 고려하여 그것이 수익을 목적으로 하고 있는지, 계속·반복성이 있는지 등을 사회통념에 따라 판단하여야 한다.

여기에서 법원이 계속·반복성을 인정하는 주된 기준은 소득을 얻는 행위의 기간과 횟수이다. 즉, ① 일정한 기간 동안 계속하여 행위가 지속되어야 하고(continuously), ② 소득을 얻는 행위가 반복하여 이루어져야 한다(repeatedly).

> 대법원 2017. 7. 11. 선고 2017두36885 판결: "변호사인 원고는 이 사건 처분의 귀속연도인 2009년부터 2013년까지 11개 파산법인에 대한 파산관재 업무를 수행하였고, 파산관재 업무를 시작한 2002년부터 2014년까지 모두 합쳐보면 총 40개의 파산법인에 대한 파산관재 업무를 수행하였다. 활동의 기간과 횟수 등에 비추어 계속성과 반복성이 충분히 인정된다."

(2) 계속·반복적으로 소득을 얻었다는 이유로 사업소득으로 본 사례

위와 같은 취지에서 개인이 계속·반복적인 활동으로 수익을 얻는다면, 특별한 사정이 없는 한 사업소득처럼 보일 수 있다. 과세관청 역시도 2013~2017년 경매회사에 미술품을 위탁하여 계속·반복적으로 판매한 경우에도 사업소득으로 과세하는 것이 타당하다는 취지로 보았다(서면-2019-법령해석소득-2360, 2019. 7. 26.).[18]

또한, 널리 알려진 것과 같이 대법원에서는 부동산의 양도로 인한 소득이 소득세법상 사업소득인지 혹은 양도소득인지는 양도인의

---

18) 이에 반대하는 학계의 견해로 이전오, "서화·골동품 등의 거래로 얻은 이익의 소득구분에 관한 연구", 조세논총 제4권 제1호(2019), 한국조세법학회, 79~113면

부동산 취득 및 보유현황, 조성의 유무, 양도의 규모, 횟수, 태양, 상대방 등에 비추어 그 양도가 수익을 목적으로 하고 있는지 여부와 사업활동으로 볼 수 있을 정도의 계속성과 반복성이 있는지 등을 고려하여 사회통념에 따라 판단하여야 하고, 그 판단을 함에 있어서는 단지 당해 양도 부동산에 대한 것뿐만 아니라 양도인이 보유하는 부동산 전반에 걸쳐 당해 양도가 행하여진 시기의 전후를 통한 모든 사정을 참작하여 사업소득으로 과세될 수 있다는 태도를 취하고 있다(대법원 1984. 9. 11. 선고 83누66 판결, 대법원 2001. 4. 24. 선고 99두5412 판결 등).

(3) 계속·반복적으로 소득을 얻었으나, 사업소득으로 보지 아니한 사례

그런데 과세관청은 "동업계약을 체결한 거주자가 ELW(주식 워런트증권, Equity Linked Warrant)에 직접 투자하여 얻은 투자수익을 분배하는 경우 해당 ELW 투자로 발생한 소득은 소득세법 제19조에 규정하는 사업소득에 해당하지 아니"한다고 보기도 하였다(법규과-1244, 2013. 11. 11.). 특히 위 유권해석의 경우 해당 납세자가 ELW를 전문적으로 투자하기 위해 증권전문가 3인과 동업계약을 체결하고 사무실을 임차하여 본격적으로 ELW 직접투자를 개시하였고, 금융 투자 시 자체 개발한 ELW 시스템트레이딩 프로그램을 증권회사 전용선과 연결하고 주문확인과정 중 일부를 생략하는 등의 편의를 제공받고 일반인보다 우선하여 시세정보 등을 제공받았으며, 증권사 유동성 공급자(LP)들의 호가 제시시스템을 사전에 파악하고 있다가 일반투자자보다 일찍 호가를 가로채는 방식으로 초단타 매매거래를 지속하여 2009년 9월부터 2011년 2월까지 동 ELW 부당거래로 거래금액 약 77조, 약 300억 원의 순수익을 얻었다. 즉, 전문성을 바탕으로 계속·반복적인 거래행위를 통해 막대한 수익을 얻었음에도 불구하고 '사업소득'에 해당하지 아니한다고 본 것이다.

나아가, 채권매매차익과 같이 소득세법상 열거되지 아니한 소득과 관련하여 기획재정부에서도 부실채권 매매를 업으로 하지 아니하는 개인이 민법상 채권양도의 방식으로 부실채권을 매수하였다가 매각함에 따라 발생한 처분이익은 과세대상 소득에 해당되지 않는 것으로 보았다(재정경제부 소득세제과-271, 2006. 4. 11.). 조세심판원 역시도 위 유권해석에 근거하여 채권매매차익을 사업소득으로 과세한 부과처분이 위법하다고 판단하였다(조심 2017서3225, 2018. 4. 17.).

"부실채권매매를 업으로 하지 아니하는 개인이 민법상 채권양도의 방식으로 부실채권을 매수하였다가 매각함에 따라 발생한 처분이익은 과세대상 소득에 해당하지 아니하는바(기획재정부 소득세제과-271, 2006. 4. 11.), 청구인은 1과세기간 중에 1건[총 2과세연도 2건(2010년 1건, 2011년 1건)]의 회수가능성이 매우 낮은 쟁점부실채권을 매입하였고 청구외법인 등의 대표이사로 재직하면서 근로소득이 계속 발생하고 있어서 쟁점부실채권회수이익을 계속·반복적 사업활동으로 얻은 이익으로 보기 어려운 점, 청구인이 채권매매업이나 금융업 등을 대외적으로 표방하거나 해당 사업을 영위하기 위한 인적·물적 시설을 갖추고 있지도 아니한 점, 당초 처분청이 쟁점부실채권회수이익을 청구외법인의 수입금액으로 보아 법인세를 과세한

처분에 대한 심판청구결과 쟁점부실채권회수이익 이외의 다른 부실채권
회수이익[㈜○○○ 및 ㈜○○○ 관련 부실채권회수이익]은 청구외법인의
소득으로, 쟁점부실채권회수이익은 청구인의 소득으로 명확히 구분하였을
뿐이지 쟁점부실채권회수이익을 사업소득으로 판단한 것은 아니라 할 것인
점(조심 2014서4432, 2015. 11. 30. 참조), 청구인이 전문적인 식견과
정보를 가지고 단발적인 투자활동을 하였다는 것이 사업성 여부를 판단하는
기준이 될 수는 없는 점, 소득세법상 이자소득과 사업소득은 그 성격·
내용이 구분되어 있어 처분청이 ㈜○○○, ○○○에 대한 자금대여 거래와
관련한 비영업대금의 이익과 애초 수익성이 있다고 보기 어려운 쟁점부실
채권매매로 얻은 이익을 동일시하면서 쟁점부실채권 거래의 계속성과 반
복성, 즉 사업성을 판단한 것은 불합리해 보이는 점 등에 비추어 쟁점부실채
권회수이익은 계속·반복적인 사업소득이라기보다는 일시적·우발적으로
발생한 채권매매차익으로 보는 것이 타당하다.
따라서 처분청이 쟁점부실채권회수이익을 채권매매업이나 금융업 활동으로
얻은 사업소득으로 보아 청구인에게 종합소득세를 과세한 이 건 처분은
잘못이 있는 것으로 판단된다."

(4) 선행 사건에 대한 해석

위와 같이 선행 사건에서 과세관청 등의 판단이 달라진 것은 무슨
차이에서 비롯된 것일까? 결론부터 말하자면, 두 가지 판단이 달라진
근본적인 이유는 해당 납세자가 소득을 얻게 된 행위가 소득세법상
과세대상이었는지 여부에 있다.

미술품 판매소득의 경우 당시 소득세법 제21조 제1항 제25호에

따라 기타소득으로 과세되고 있었다. 기타소득에 명시적으로 규정되어 있다고 하더라도 사업성이 인정된다면 사업소득에 해당한다고 볼 수 있기 때문에(같은 취지로 대법원 2001. 4. 24. 선고 2000두5203 판결), 기타 소득으로 과세되고 있다는 사정만으로 사업소득에 해당하지 않는다고 보기는 어려웠다. 나아가, 부동산 양도소득 역시도 비록 소득구분은 다르나, 양도차익과 관련하여 양도소득으로 과세되고 있었다.

이와 달리 ELW 투자소득의 경우 2016년 세법개정에 따라 2017. 4. 1. 양도하는 분부터 파생상품 등의 양도소득세 과세대상에 포함되었다. 그리고 ELW 투자소득은 위 규정이 신설되기 전에는 양도소득세 과세대상이 아니라는 것이 확고한 과세실무였다(재정경제부 재산세제과-1184, 2007. 10. 2.). 즉, 위 유권해석 당시 ELW 투자소득은 소득세법상 과세대상에서 제외되어 있었던 것이다. 다시 말해, 국세청은 계속·반복적으로 하는 행위로 어떠한 소득을 얻었다고 하더라도, 해당 소득이 소득세법상 과세대상에서 배제되어 있는 것이라면, 단순히 계속·반복적인 활동으로 소득을 얻었다고 하여 '사업소득'으로 과세할 수 없다고 본 것이다.

대법원 역시도 개인이 계속·반복적으로 상장주식 매매행위를 하여 벌어들이는 소득은 소득세법상 사업소득에 해당하지 않는다고 판단하여, 같은 취지로 보고 있다고 할 것이다(대법원 2013. 12. 12. 선고 2012두21956 판결). 특히 위 사건의 원심에서는 영리성, 계속·반복성, 거래기간, 거래액 등을 고려한 사업성 요건이 충족된다고 하더라도,

입법자가 개인의 어떤 소득을 사업소득이 아닌 다른 소득으로
과세하는 입법례를 선택한 이상, 개인의 해당 소득을 사업소득으로
보아 종합소득세를 부과하게 되면 입법목적이 훼손될 수 있다는
점을 들면서, 사업소득으로 본 과세처분이 위법하다고 보았다.

(5) 한국표준산업분류에 대한 검토

이에 대하여 가상자산 거래소득이 한국표준산업분류상 블록체인
기반 암호화 자산 매매 및 중개업(63999-1) 및 블록체인 기술 관련
기타 정보서비스업(63999-2)에서 발생한 소득으로, 소득세법 제19조
제1항 제10호(정보통신업) 또는 같은 항 제20호에 따른 이와 유사한
소득에 해당하는 것은 아닌지 의문이 들 수 있다.

그러나 블록체인 기반 암호화 자산 매매 및 중개업(63999-1)은
업비트, 빗썸과 같은 가상자산 '거래소'를 의미하는 것으로, 단순히
가상자산을 매매하는 행위는 한국표준산업분류상 '암호화 자산 매매
및 중개업'에 해당하지 않는다. 실제로 한국표준산업분류의 토대가 된
과학기술정보통신부의 2020년 12월 블록체인산업 실태조사에서는
블록체인 기반 암호화 자산 매매 및 중개업(63999-1)을 가상자산
매매 및 중개업으로 규정하면서 그 개념을 "다양한 블록체인
가상자산을 안전하게 상호 교환할 수 있는 정보시스템을 활용하여
법적·제도적 규정에 따라 매매 및 거래 중개하는 서비스"로 정의하고
있다. 즉, 해당 사업자가 보유하고 있는 '정보시스템'을 타인에게

제공하여 가상자산 매매 및 거래중개하는 서비스를 제공하는 때에서야 비로소 한국표준산업분류상 '암호화 자산 매매 및 중개업'에 해당한다고 볼 수 있는 것이다.

한국표준산업분류의 체계에 비추어 보더라도, 블록체인 기반 암호화 자산 매매 및 중개업(63999-1)이 속한 정보통신업은 '정보 및 문화상품을 생산하거나 공급하는 산업활동'을 의미하고, 이 중 정보서비스업은 자료 처리 및 데이터베이스 구축 등의 서비스를 제공하거나 기타 정보제공 서비스활동을 의미하여, 제3자에게 자료처리 등의 서비스를 제공하는 경우에만 블록체인 기반 암호화 자산 매매 및 중개업(63999-1)에 해당한다고 할 것이다.

나아가, 가상자산 '거래소'의 행위에 '매매'가 들어간 이유는 증권시장과 같이 자본시장법에 따라 규율되고 있지 않아 가상자산 거래소가 유동성 공급 내지 마켓메이킹을 목적으로 직접 매매행위를 하고 있었기 때문이지, 일반적인 개인투자자가 계속·반복적으로 거래하는 행위를 블록체인 기반 암호화 자산 매매 및 중개업(63999-1)에 포함시키려고 한 것은 아니라고 보인다.

참고로, 한국표준산업분류와 같은 취지에서 금융정보분석원은 '본인을 위한 가상자산 거래행위'는 특금법상 가상자산 사업자의 신고대상에서 제외하고 있다(금융정보분석원, 가상자산 사업자 신고매뉴얼 중 2면).

가상자산의 매매를 수시로 하더라도 자신의 자금과 계산으로 투자에 참가한 이상 본인을 위한 가상자산 거래행위에 불과하다. 이러한 행위가 타인에게 정보시스템 등을 통해 정보 제공이나 거래중개의 용역을 제공하고 소득을 얻었다고 볼 수는 없다. 그렇다면 가상자산 거래소득을 한국표준산업분류상 '암호화 자산 매매 및 중개업' 내지 블록체인 기술 관련 기타 정보서비스업에 해당한다고 할 수 없다. 덧붙여 제3자에게 정보 제공 서비스를 공급하였다고 볼 수도 없으므로 정보서비스업과 유사한 소득이라고도 볼 수 없다.

따라서 한국표준산업분류에 비추어 보더라도 개인이 가상자산을 계속·반복적으로 거래하여 소득을 얻었다고 하더라도, 이를 한국표준분류에 따라 사업소득에 해당한다고 볼 수 없다.

 **소결론**

소득세법은 열거주의 과세제도를 채택하고 있다. 그리고 사업소득의 개념 징표나 한국표준산업분류에 비추어 봤을 때, 가상자산 거래소득은 2025. 1. 1. 이후에서야 비로소 소득세법상 과세대상에 포함된다고 할 것이다. 그렇다면 가상자산을 계속·반복적으로 거래한다고 하더라도 2025. 1. 1. 전에는 사업소득으로 과세할 수 없고, 소득세법상 다른 소득으로도 과세할 수는 없다.

최근 과세관청 역시도 가상자산 거래소득이 사업소득에 해당하는지 문제된 사안에서 사업소득으로 과세할 수 없다고 판단하였고, 앞서 살펴본 것과 같이 이러한 판단은 지극히 타당하다고 할 것이다.

내가 2021년에 5백만 원에 산 이더리움이 세법상으로는 0원에 산 것이라고? 가상자산 투자소득 과세와 관련하여 대비해야 할 점은?

문제의 소재

앞서 살펴본 것과 같이 2025. 1. 1. 이후 가상자산의 양도분에 대하여 기타소득이 과세된다. 이때 기타소득의 크기는 가상자산의 양도·대여의 대가에서 그 양도되는 가상자산의 실제 취득가액과 부대비용을 차감하여 계산한다(소득세법 제37조 제1항 제3호). 또한, 가상자산을 양도함으로써 발생하는 소득에 대한 기타소득 금액을 산출하는 경우에는 가상자산주소별로 이동평균법 또는 선입선출법에 따라 취득가액을 산출한다(소득세법 시행령 제88조 제1항).

다만, 2025. 1. 1. 전에 이미 보유하고 있던 가상자산의 취득가액은 2024. 12. 31. 당시의 시가(이하 '의제취득가액')와 그 가상자산의 취득가액 중에서 큰 금액으로 한다(소득세법 제37조 제5항). 이때 2024.

12. 31. 당시의 시가인 의제취득가액은 국세청 고시(가상자산 평가를 위한 가상자산 사업자 고시)로 지정된 업비트, 빗썸, 코빗, 코인원에서 취급되는 가상자산의 경우 해당 가상자산 사업자들이 2025. 1. 1. 0시 현재 가상자산별로 공시한 가상자산 가격의 평균가액으로 하고, 그 외의 가상자산의 경우 위 4개 국내 거래소를 제외한 가상자산 사업자의 사업장에서 2025. 1. 1. 0시 가상자산별로 공시한 가상자산 가격으로 한다(소득세법 시행령 제88조 제2항).

2023년 현재 가상자산 시장은 'Crypto Winter'라고 불릴 정도로 거래량이 급감하고, 일반 대중들의 관심에서 멀어진 상태이다. 나아가, 코로나 위기로 인하여 시장에 유동성이 과다하게 공급되어 자산 가격이 급등하는 상황이 다시 반복되기는 어려워 보인다. 이러한 측면에서 2024년 말과 2025년 초까지 비트코인을 비롯한 여러 가상자산의 가격이 현 상태를 유지할 가능성이 상당하고, 이 경우 2021년경에 산 가상자산의 취득가액이 의제취득가액보다 클 것으로 보인다. 따라서 개인이 2025년경 해당 가상자산을 팔았을 때 당초 취득가액을 제대로 입증하지 못한다면, 실제로는 막대한 손해를 보았음에도 불구하고 의제취득가액보다 높게 팔았다는 이유로 기타소득을 신고해야 하는 억울한 상황이 나타날 수 있다.

대처 방안

국세청은 납세자가 실제로 가상자산을 취득한 가액을 입증하지 못할 경우 의제취득가액으로 인정받으면 되니 취득가액이 '0원'이 된다는 것은 거짓 뉴스라고 반박하였다.[19] 즉, 결과적으로 납세자가 실제 취득가액을 밝히지 못할 경우 의제취득가액을 일률적으로 적용하겠다는 입장을 표명한 것이다.

국내 거래소에서만 거래한 경우에는 특별한 사정이 없는 한 취득가액을 입증할 수 없는 경우는 상정하기 어려워 보인다. 거래내역이 많아 계산이 복잡할 뿐이지 관련된 내역을 조회할 수 있기 때문이다.

문제는 과거 거래내역을 제대로 제공하지 아니하는 해외 거래소를 이용하여 거래를 한 경우 취득가액을 어떻게 입증할 것인지이다. 많은 거래소들이 최근 3개월 내지 6개월의 거래내역만 조회할 수 있도록 하고 있기 때문이다. 나아가, FTX와 같이 이미 망해버린 거래소를 이용한 경우에는 관련 거래내역을 조회하고 싶어도 조회 자체가 불가능할 수 있다.

실제로는 손실을 봤는데 억울하게 세금을 내야 하는 상황에 가장 간단하게 대처할 수 있는 방법은 증여세 비과세 한도만큼 가상자산을 가족에게 증여하는 방법이다. 증여가 이루어지면, 증여시점을 기준으로 취득가액이 증여 당시 시가로 변경되기 때문이다. 부동산 등

---

19) ZDNET KOREA의 2021. 11. 2. 자 기사(https://zdnet.co.kr/view/?no=20211102163527)

양도소득세가 과세되는 재산의 경우 이러한 방식으로 양도소득세를 줄일 수 있다. 다만, 소득세법에서는 증여받은 날로부터 10년 이내에 해당 재산을 팔면 당초 재산을 취득한 증여자가 직접 양도한 것으로 보고 세금을 계산하도록 하고 있다(제101조 제2항). 가상자산 양도차익은 양도소득세가 아닌 기타소득으로 과세되는바, 특별한 사정이 없는 한 위 규정이 적용되지는 아니할 것이다. 즉, 가상자산은 부동산과 달리 소득세법 제101조 제2항에 따라 증여자가 직접 양도한 것으로 보고 양도소득세를 부과할 수는 없는 것이다.

다만, 최근 과세 경향에 비추어 볼 때, 과세관청에서 실질과세원칙을 적용하여 증여자가 직접 양도한 것으로 보고 과세를 할 가능성을 완전히 배제할 수 없기는 하다. 그럼에도 불구하고, 당사자가 선택한 법률관계를 존중하여야 한다는 것이 확고한 대법원의 태도이다 (대법원 2019. 4. 11. 선고 2017두55268 판결). 이러한 점에서 실질과세원칙이 적용되는 사안으로 보기는 어렵다고 할 것이다. 더구나 증여를 통해 양도소득세를 줄이는 방식은 해외주식과 관련하여 이미 널리 사용되고 있는 방법이다. 필자는 위 방법과 관련하여 실질과세원칙으로 과세되었다는 이야기를 들어본 적이 없다.

따라서 사전증여재산이 없어 별다른 증여세 과세문제가 없는 상황이라면, 증여세 비과세 한도만큼 가상자산을 가족에게 증여한 뒤 매도하는 방식을 취한다면, 적어도 가상자산과 관련하여 실제로는 손실을 봤는데 세금을 내야 하는 억울한 상황은 어느 정도 피할 수 있을 것이라 사료된다.

3 에어드롭을 받은 가상자산에 대해 증여세를 신고해야 할까?

 문제의 소재

에어드롭(Air-drop)은 가상자산과 관련된 대표적인 생태계 조성 또는 마케팅 행위 중 하나로서, 가상자산 발행사 또는 거래소에서 가상자산을 무상으로 지급하는 것을 말한다.

그런데 상증세법 제2조 제6호에서는 증여를 "그 행위 또는 거래의 명칭·형식·목적 등과 관계없이 직접 또는 간접적인 방법으로 타인에게 무상으로 유형·무형의 재산 또는 이익을 이전(移轉, 현저히 낮은 대가를 받고 이전하는 경우를 포함한다)하거나 타인의 재산가치를 증가시키는 것"으로 정의하고 있다. 에어드롭의 형태로 가상자산을 받으면 '무상'으로 받은 것이 분명하므로, 일응 상증세법 제2조 제6호에 따라 증여세 과세대상이라고 판단될 수 있다. 이와 관련하여 최근 과세관청에서 유권해석을 하였는바, 보다 자세히 살펴보면 다음과 같다.

 **관련 선례**
기준-2021-법무재산-0167, 2022. 8. 2.

질의자는 다음 세 가지 형태로 받는 가상자산이 증여세 과세대상인지를
질의하였다.

① 회원이 회사의 스테이킹 서비스를 이용하여 암호화 화폐 지갑에
특정 가상자산을 동결하는 거래인 "스테이킹"으로 받는 가상
자산: 동결된 가상자산은 지분증명 방식(PoS)[20] 블록체인 네트
워크의 보안과 운영을 지원하며, 회원은 이에 대한 대가로 회사를
통해 재단으로부터 동결된 가상자산을 기초로 사전에 정해진
지급 비율을 곱하여 계산된 보상을 지급받음.

② 기존의 블록체인에서 새로운 블록체인이 분리되어 새로운 가상
자산이 생성되는 경우, 특정 시점에 기존 가상자산을 보유한 회원
에게 새로운 가상자산을 무상으로 지급하는 거래인 "하드포크"로
받는 가상자산: 하드포크는 재단 또는 기존 블록체인 참여자들의
의사결정에 따라 수행 여부가 결정되며, 회원은 하드포크의
결과로 기존 가상자산 보유 수량에 지급비율을 곱하여 계산된
수량을 새로운 가상자산으로 무상 지급받음.

---

20) 지분증명 방식(Proof-of-Stake, PoS)이란, 연산능력에 따라 블록 생성자가 결정되는 작업
증명 방식(PoW)의 문제점을 해결하기 위해 고안된 합의 알고리즘으로서, 가상자산을
보유한 지분율에 비례하여 의사결정 권한을 주는 방식이므로, 많은 지분(가상자산)을
보유한 블록체인 내 참여자가 더 높은 확률로 블록을 생성할 권한을 가지는 구조를 띠고
있다.

③ "에어드롭"으로 받는 가상자산: 특정 시점에 특정 가상자산을 보유한 회원에게 동종 또는 이종의 가상자산을 사전에 정해진 지급 비율에 따라 무상 지급하는 거래를 말하며, 에어드롭은 재단이 제휴 또는 마케팅 수단으로 지급하고 있음.

이에 대하여 기획재정부는 가상자산을 타인에게 무상으로 이전하는 행위는 상속세 및 증여세법 제2조 제6호에 따른 증여에 해당되어 동 가상자산을 무상으로 이전받은 타인에게 증여세가 과세되나, 특정 가상자산 거래가 증여세 과세대상인지 여부는 대가성 여부·실질적인 재산 및 이익의 이전 여부 등과 관련한 거래상황 등을 고려하여 사실판단할 사항이라고 회신하였다.

 ## 관련 선례에 대한 평가

접대비와 광고선전비의 구분에 대하여 유명한 조세 판례가 있다. 그것은 조선일보사가 남대문 세무서장을 상대로 한 법인세 부과처분 취소소송이다(대법원 2010. 6. 24. 선고 2007두18000 판결).

위 판결에서는 거래처 직원들과 조선일보 내방객 등에 대한 선물비, 각종 행사의 진행요원과 심사위원 등에 대한 식사비, 용역회사의 직원들에 대한 격려금, 원고 소속이 아닌 신문지국장들의 단합대회를 개최하면서 부담한 경비, 각종 행사의 진행요원과 심사위원 등에 대한 다과·음료비가 접대비에 해당하는지 문제되었다.

대법원은 위와 같은 경비가 모두 접대비에 해당한다고 하면서, 조선일보의 내방객 등에 대한 선물비가 접대비에 해당한다고 본 원심의 판단은 접대비 및 광고선전비의 범위에 관한 법리를 오해하여 판결에 영향을 미친 잘못이 있다고 판단하였다.

법인이 사업을 위하여 지출한 비용 가운데 상대방이 사업에 관련 있는 자들이고 지출의 목적이 접대 등의 행위에 의하여 사업 관계자들과의 사이에 친목을 두텁게 하여 거래관계의 원활한 진행을 도모하는 데 있다면 접대비라고 할 것이지만, 이와 달리 지출의 상대방이 불특정다수인이고 지출의 목적이 법인의 이미지를 개선하여 구매의욕을 자극하는데 있다면 광고선전비라고 할 것인바, 조선일보사는 다수의 내방객 등에게 각종 선물을 지급하였는데 그 내방객 등이 누구인지를 특정할 자료가 없어 그들이 조선일보사와 거래관계를 맺고 있는 특정인들이라고 보기 어렵고, 따라서 그들에게 선물을 지급한 것도 그들과의 거래관계를 원활하게 하기 위한 것이었다기보다는 대외적으로 조선일보사를 홍보하여 조선일보사의 이미지를 개선하기 위한 것이었다고 봄이 상당하므로, 그 선물비는 접대비가 아니라 광고선전비에 해당한다고 보아야 한다는 것이다.

위와 같이 기업의 홍보활동 과정에서 고객들이 지급받는 물품 등은 비록 그것이 무상으로 지급되는 것이라 하더라도 애당초 상증세법상 '증여'에 해당하는지 여부가 문제되지 아니한다. 단지, 해당 기업의 법인세를 계산하는 과정에서 비용(손금)으로 쉽게 인정될 수 있는 광고선전비인 것인지, 비용으로 부인되는 접대비인지 여부만 문제되는 것이다.

이러한 점에서 에어드롭 등으로 지급받은 가상자산이 상증세법상 증여세 과세대상이라고 회신한 기획재정부의 유권해석은 잘못된 질문에 대한 잘못된 답이라는 생각을 지울 수 없다. 앱스토어나 플레이스토어에서 무료로 받는 게임이 원칙적으로 상증세법상 증여세 과세대상이라는 유권해석이 있다면, 이게 맞는 말일까?

스테이킹에 따른 보상은 노드 운영에 참여한 것에 대한 대가이므로, 애당초 상증세법상 증여세 과세대상으로 볼 수 없고, 그것을 양도할 때 기타소득으로 과세하면 충분할 것으로 보인다.

다음으로, 하드포크에 따른 보상은 하나의 가상자산이 두 개의 가상자산으로 나누어진 것이므로, 과세의 계기로 삼을 여지가 별로 없다. 공유물이나 재산분할이 있었다고 하여 특별한 사정이 없는 한 양도소득세 또는 증여세 과세 문제가 없다고 보는 것과 궤를 같이 한다.

마지막으로, 에어드롭에 따른 보상은 그것이 진정 에어드롭에 해당한다면, 광고선전비와 달리 취급할 것이 없다. 앞서 본 조선일보 판례에서 내방객에게 준 선물과 같은 것이다. 부채나 견본품을 받았다고 하여 상증세법상 증여로 취급하지 아니하는 것처럼, 에어드롭에 따른 보상이 상증세법상 증여로 보는 것은 굉장히 어색하다고 할 것이다.

　최근 모 국회의원이 에어드롭의 형태로 가상자산을 지급받아 재산을 불렸다고 소명하는 과정에서 위 선례의 입장은 다수의 언론에서 보도되었다. 그러나 애당초 스테이킹, 하드포크, 에어드롭에 따른 보상은 상증세법상 증여세 과세대상인지 여부와 무관하다고 보이므로, 관련 선례는 잘못된 질문에 대한 잘못된 답변으로서 많은 사람들에게 오해를 가져왔다고 사료된다.

4 가상자산 거래할 때 증여세가 언제 문제될까?

 최근 국세청의 조사기조 등

가상자산은 이메일 주소 등만 입력하면 메타마스크 등 개인지갑을 개설할 경우, 이른바 KYC라고 부르는 실명확인 절차가 엄격하게 진행되는 일반적인 예금과 달리 누가 해당 가상자산 지갑을 소유하고 있는지 불분명하다. 나아가, 가상자산의 경우 거래소 계정을 법인으로 만들 수 없는 등 정부당국의 보이지 않는 규제나 거래의 복잡함으로 인하여 타인의 명의를 이용한 거래, 즉 차명거래가 빈번하게 이루어지고 있다.

위와 같은 사정으로 인하여, 언뜻 생각하기에는 가상자산을 통하여 부모로부터 자식으로 자산을 이전할 경우 국세청에서 관련 사정을 추적하는 것이 사실상 불가능하다고 생각할 여지가 상당하다.

그러나 특금법에 따라 국내 가상자산 거래소에 가상자산을 이전시키려면 가상자산 개인지갑과 관련하여 KYC 절차를 진행하여야 한다. 이에 따라 가상자산을 현금화하는 과정에서 가상자산의 소유자가 특정될 수밖에 없다. 이때 가상자산의 소유자로 특정되는 자가 직업, 국세청에 신고된 소득 및 재산의 규모 등에 비추어 볼 때 해당 가상자산을 가졌다고 보기 어려운 경우 국세청에서 증여세를 과세할 수 있는지 여부가 문제된다.

특히, 상증세법 제45조 제1항에서는 재산 취득자의 직업, 연령, 소득 및 재산 상태 등으로 볼 때 재산을 자력으로 취득하였다고 인정하기 어려운 경우에는 그 재산을 취득한 때에 그 재산의 취득자금을 그 재산 취득자가 증여받은 것으로 추정하여 이를 그 재산 취득자의 증여재산가액으로 한다고 규정하고 있으므로, 위 규정에 따라 증여세가 과세될 수 있을지 여부가 문제된다.

이하에서는 이와 관련된 선례가 있는바, 관련 부분에 한하여 자세히 살펴보고자 한다.

관련 선례

적부2021-0056, 2021. 9. 16.

청구인1, 배우자인 청구인2 명의의 국내 가상자산 거래소(업비트, 빗썸, 코인원) 지갑에 2017. 12. 26.부터 2018. 3. 22.까지 출처가 확인되지 않는 가상자산(이하 '쟁점가상자산')이 입금되었다.

쟁점가상자산 대부분은 거래소에서 매도된 후, 청구인들의 지갑에서 현금으로 인출되어 청구인들의 은행계좌로 이체되었다. 그 후 청구인들은 동 금액을 예금불입, 부동산 취득, 지인 대여 등에 사용한 것으로 조사청은 확인하였다.

조사청은 2021. 4. 30.부터 2021. 5. 5.까지 청구인들에 대한 증여세 조사를 실시하여 청구인들은 2017. 12. 26.부터 2018. 3. 22.까지 청구인들 명의의 국내 가상자산 거래소 지갑에 출처불명의 쟁점가상자산이 입금된 것을 확인한 뒤, 입금된 쟁점가상자산에 대해 청구인들이 성명불상의 자로부터 증여받은 것으로 보아 상증세법 제45조(재산 취득자금 등의 증여 추정)의 규정을 적용하여 청구인들에게 증여세를 과세한다는 세무조사결과를 통지하였다.

이에 대하여 국세청은 쟁점가상자산 취득에 대한 거래과정 등에 대해 청구인들은 명확한 입증자료를 제시하지 못하는 등 다음의 여러 사정과 관련 법리를 종합하여 볼 때, 쟁점가상자산을 성명불상의 자로부터 증여받은 것으로 본 조사청의 처분은 정당하다고 판단하였다.

① 청구인들은 CCC의 Private sale-ICO에 ETH 900개를 투자하였으며, 그 대가로 CCC으로부터 MMM 2,999,700개를 수령하였다며 소명자료를 제출하였으나, 당해 지갑을 본인들이 개설·관리하였는지에 대해 입증하지 못하고, 청구인들의 국내 가상자산 거래소 지갑에 입금된 MMM 249,997개와 해외

가상자산 거래소 바이낸스에서 276.3BTC와 905.3ETH로 교환된 MMM 584,977개 합계 834,974개를 제외한 MMM 2,164,726개의 사용처 또는 보관 여부에 대해 증빙자료를 제시하지 못하고 있다.

② 조사청이 검토한 내용에 따르면, 청구인들은 국내 가상자산 거래소 (업비트, 빗썸, 코인원) 최초 가입시기(청구인1: 2017. 5., 청구인2: 2017. 4.)부터 쟁점가상자산 취득 시까지 국내 가상자산 거래소에서 쟁점가상자산 규모의 가상자산을 매수한 내역과 국내에서 VISA카드를 이용하여 대금결제를 하거나 해외 가상자산 거래소로 가상자산을 송금한 이력은 확인되지 않는다. 그런데 청구인들의 국내 가상자산 거래소 거래내역을 보면, 쟁점가상 자산은 거래구분이 "입금"으로 처리되어 있어(이는 가상자산 거래소에서 "매수"한 것이 아닌 타 지갑주소에서 전송된 것을 의미한다), 쟁점가상자산은 청구인들의 국내·외 가상자산 거래소에서 청구인들이 매수한 것을 입금한 것이 아닌 제3자로부터 수취한 것으로 보인다.

③ 그리고 쟁점가상자산은 암호화폐로서, 암호화폐는 기존 화폐와는 달리 출금기록, 입금기록 등 일체의 정보가 모두 공개되어 있다(암호화폐가 전송될 때 TXID값이 발생하며 누구나 Etherscan, EEE Tracker 등의 암호화폐 추적기를 통하여 TXID를 조회 시 보낸 지갑주소, 받는 지갑주소, 거래 시간, 전송된 암호화폐 수량, 전송

수수료, 진행 상황 등을 확인할 수 있다). 그러나 그것이 누구의 정보인지를 알 수가 없는 익명성을 가지고 있고, 지갑주소는 30~50자리의 숫자·알파벳으로 구성되어 있고, 지갑주소의 소유주에 대한 정보는 공개되지 않는바, 지갑주소만으로 상대방이 누구인지 알 수가 없어 사실상 관련 내역을 파악하더라도 증여자(입금자)를 특정하기는 불가능해 보인다.

④ 또한, 청구인들의 소득, 재산 보유 현황 등은 쟁점가상자산을 취득할 수 있는 개연성은 추정할 수 있으나, 이러한 사정은 자력 취득에 대한 판단 조건은 될지언정 청구인들의 자금으로 취득하였다는 충분 조건은 되지 않는 것으로 봄이 타당하고, 쟁점가상자산은 *백만 원 상당으로 동 쟁점가상자산 취득에 대한 거래과정이 명확히 밝혀져야 함에도, 이에 대한 입증자료를 청구인들은 제시하지 못하고 있어 청구인들이 해외에 은닉한 자산을 국내로 들여온 것인지 타인으로부터 수취한 자산인지 여부 등의 사실관계 확인이 불분명하고, 상증세법 제45조의 규정에 따르면 재산취득자금 출처에 대해 소명하지 못하는 경우 증여자를 특정하지 않아도 불특정의 누군가로부터 증여받은 것으로 추정하여 관련 증여세를 과세할 수 있는 것으로 봄이 타당하다(대구지방법원 2006. 11. 1. 선고 2005구합4429 판결, 기획재정부 재산세제과-200, 2021. 3. 5. 해석 사례 참조).

관련 선례에 대한 평가

　과세당국은 가상자산 또는 해외 거래로 인하여 증여자를 특정하기 어려운 상황에서도 수증자에게 어떠한 경제적 이익이 있었다면, 그 경제적 이익에 대하여 증여세를 과세할 수 있도록 하기 위하여 관련 규정을 정비한 것으로 보인다.

　그런데 위와 같은 과세당국의 입장이 대법원에 받아들여지기는 어려울 것으로 사료된다.

　먼저, 종래 대법원은 개정 전 규정에 따른 과세요건 판단기준과 증명책임의 소재나 범위에 관하여, 증여세의 부과요건인 재산의 증여사실은 원칙적으로 과세관청이 증명할 사항이므로 재산취득 당시 일정한 직업과 상당한 재력이 있고, 또 그로 인하여 실제로도 상당한 소득이 있었던 자라면, 그 재산을 취득하는데 소요된 자금을 일일이 제시하지 못한다고 하더라도 특별한 사정이 없는 한 재산의 취득자금 중 출처를 명확히 제시하지 못한 부분이 다른 사람으로부터 증여받은 것이라고 인정할 수 없다고 할 것이나, 일정한 직업 또는 소득이 없는 사람이 당해 재산에 관하여 납득할 만한 자금출처를 대지 못하고, 그 직계존속이나 배우자 등이 증여할 만한 재력이 있는 경우에는 그 취득자금을 그 재력있는 자로부터 증여받았다고 추정함이 옳다고 할 것인데, 이와 같이 증여를 추정하기 위하여는 수증자에게 일정한 직업이나 소득이 없다는 점 외에도 증여자에게 재산을 증여할 만한 재력이 있다는 점을 과세관청이 증명하여야 한다고 판시하여 왔다(대법원 1995. 8. 11. 선고 94누14308 판결, 대법원 2004. 4. 16. 선고 2003두10732 판결 등 참조).

그리고 위와 같은 법리는 개정 후 상증세법에서 증여세와 관련하여 이른바 완전포괄주의 과세방식을 채택하였다고 할지라도, 이와 같은 완전포괄주의 과세제도와 재산취득자금의 증여추정 규정에 따른 과세요건에 관한 증명책임의 소재나 범위와는 직접 관련이 있다고 보기 어려운 점, 개정 후 법 제2조 제1항은 개정 전 법과 마찬가지로 '타인의 증여로 인하여 증여재산이 있는 경우에는 그 증여재산에 대하여 증여세를 부과한다'고 규정하고 있을 뿐만 아니라 개정 후 법 제4조 제4항 단서도 개정 전 법과 마찬가지로 증여자의 연대납세 의무 제외 대상에 개정 후 규정을 포함시키지 아니함으로써 개정 후 규정이 적용되는 경우에도 여전히 증여자의 존재를 전제로 하고 있는 점 등을 고려하면, 대법원은 위와 같은 개정이 있었다고 하여 재산취득자의 직계존속이나 배우자 등에게 재산을 증여할 만한 재력이 있다는 점에 관한 과세관청의 증명책임이 소멸되었다고 볼 것은 아니라고 판단하고 있다(대법원 2010. 7. 22. 선고 2008두20598 판결).

위와 같은 법리에 비추어 보면, 관련 선례와 같이 증여자를 특정하지 못하는 경우에는 상증세법 제45조를 적용하여 과세할 수는 없다고 할 것이다.

그럼에도 불구하고 최근 기획재정부는 2003. 12. 30. 법률 제7010호로 상속세 및 증여세법 개정 이후에도, 상속세 및 증여세법 제45조에 따라 직업, 연령, 소득 및 재산상태 등으로 볼 때 재산취득자금의 출처에 대해 소명하지 못하여 증여받은 것으로 추정하는 경우, '증여자'의 특정이 과세요건에 해당하는지 여부에 대하여 증여자를 특정하지 않아도 과세할 수 있다고 회신하였다(기획재정부 재산세제과-200, 2021. 3. 5.).

나아가, 상증세법을 2021. 12. 21. 법률 제18591호로 개정하면서 증여자와의 연대납세의무 제외 대상에 재산취득자금의 증여 추정되는 경우를 제외하고, 합산과세가 배제되는 증여재산에도 재산취득자금의 증여 추정으로 과세되는 것을 추가하였다. 이를 통해 증여자를 특정하지 아니하더라도 재산취득자금의 증여 추정 규정을 적용할 수 있도록 한 것이다. 다시 말해, 재산취득자금의 증여 추정 규정에 따라 증여세를 부과할 때에는 연대납세의무가 없고, 증여자별로 합산과세하지도 아니하도록 하여 증여자를 특정할 필요가 없도록 하였다. 그러면서 기획재정부는 상증세법을 개정한 이유를 재산취득자금 증여 추정 제도의 실효성을 제고하는 것이라고 밝히고 있다.

[간추린 개정세법(2021)]

1. 재산취득자금의 증여 추정 규정 관련 조문 명확화(상증법 §4의2⑥-§47①)

(1) 개정내용

종 전	개 정
□ 연대납세의무 적용 제외	□ 연대납세의무 적용 제외 추가
○ 부동산 무상사용 이익의 증여, 합병·증자·감자·현물출자에 따른 이익의 증여 등	○ (좌 동)
〈추 가〉	○ 재산취득자금의 증여 추정
□ 합산배제 증여재산	□ 합산배제 증여재산 추가
○ 전환사채 전환 이익·주식 상장 이익·합병 상장이익의 증여, 명의신탁재산 증여의제 등	○ (좌 동)
〈추 가〉	○ 재산취득자금의 증여 추정

(2) 개정이유

○ 재산취득자금 증여 추정 제도의 실효성 제고

위와 같은 기획재정부의 입법의도와 유권해석이 대법원에서 받아들여질지는 의문이다. 여전히 대법원은 '증여'의 개념에 타인으로부터 증여를 받는 것으로 이해할 가능성이 높기 때문이다. 나아가, 수인으로부터 재산을 증여받은 경우에는 증여자별로 과세단위가 성립하므로 각 증여자별로 세율을 적용하여 각각의 증여세액을 산출하는바, 증여자를 1인으로 보고 과세처분을 하였는데 실제 증여자가 2인 또는 그 이상인 것으로 밝혀진 경우와 같이 증여자의 수에 차이가 있으면 과세단위가 달라지므로 과세의 기초사실이 달라진다는 대법원 판례(대법원 2006. 4. 27. 선고 2005두17058 판결 등)에 비추어 보더라도, 증여자를 특정하지 아니하는 부과처분이 적법하다고 인정되기는 어려울 것으로 사료된다.

그럼에도 불구하고 과세당국에서는 가상자산과 관련하여 '소유자'가 누구인지 특정하기 어렵다는 특수성에 기대어 증여세 과세가 정당하다고 주장할 수는 있다. 그러나 과세처분의 적법성을 입증해야 하는 책임은 당연히 과세관청이 부담하고 있고, 이를 위하여 과세관청은 세무조사권을 비롯한 막대한 권한을 가지고 있다. 게다가 특금법 시행으로 인하여 계좌 또는 지갑의 소유자가 누구인지 특정하기가 용이해졌고, 거래 내역이 투명하게 드러나는 가상자산의 특성에 비추어 보더라도, 현실적으로 증여자를 특정하기가 곤란하다는 사정에만 근거하여 증여세 부과처분이 적법하다고 주장하는 것은 바람직하지 않다고 사료된다.

5. 가상자산 지갑에 대해 해외금융계좌 신고는 어떻게 해야 할까?

　　거주자 및 내국법인은 과세연도 중에 보유한 모든 해외금융계좌 내 현금, 주식, 채권, 보험상품, 가상자산 등 잔액을 합산한 금액이 매월 말일 중 어느 하루라도 5억 원을 넘었다면 그 계좌정보를 신고하여야 한다. 해외금융계좌 신고의무를 위반하면 미(과소)신고금액의 최대 20%의 과태료가 부과되며, 미(과소)신고금액이 50억 원을 초과하면 형사처벌 및 명단공개 대상이 될 수 있다.

해외금융계좌 신고제도 개요

▶ 신고의무자 및 면제자

● **(신고의무자)** 거주자 및 내국법인 중 해당 연도의 매월 말일 중 어느 하루의 해외금융계좌 잔액이 5억 원을 초과하는 자

* 계좌의 명의자와 실질적 소유자가 다른 경우에는 둘 다 신고의무가 있고, 공동명의 계좌인 경우 공동명의자 모두가 신고의무가 있음.

● **(신고면제자)** 단기체류 외국인[1] 및 재외국민,[2] 공공기관, 금융기관 및 집합투자기구 등 다른 법령에 따라 국가의 관리·감독이 가능한 기관

1) 최근 10년 중 국내에 주소나 거소를 둔 기간이 5년 이하인 외국인 거주자
2) 최근 1년 중 국내에 거조를 둔 기간의 합계가 183일 이하인 경우

■ **신고대상**

● **(신고대상 계좌)** 해외금융회사 등과 금융거래(은행업무, 증권거래, 파생상품 거래 등) 및 가상자산 거래를 위하여 개설한 계좌

● **(신고대상 자산)** 예금, 적금, 주식, 파생상품, 채권, 집합투자증권, 보험, 가상자산[*] 등 해외금융계좌에 보유되고 있는 모든 자산

　　* 가상자산은 '22. 1. 1. 이후 신고의무 발생하는 경우부터 신고('23. 6월 최초 신고)

● **(신고대상 정보)** 보유자의 성명·주소 등 신원에 관한 정보, 보유계좌에 관한 정보,[*] 해외금융계좌 관련자에 관한 정보

　　* 계좌번호, 해외금융회사 등의 이름, 매월 말일의 보유계좌 잔액의 최고금액 등

■ **미·과소 신고자에 대한 제재**

● **(과태료)** 미·과소 신고금액의 20% 이하 과태료(20억 원 한도), 신고의무 위반금액 출처 미·거짓 소명 시 20% 과태료

　　* 조세범 처벌법 제16조 제1항에 따라 처벌되거나 조세범 처벌절차법 제15조 제1항에 따른 통고처분을 받고 그 통고대로 이행한 경우에는 과태료 미부과(국제조세조정에 관한 법률 §90④)

● **(명단공개)** 미·과소 신고금액 50억 원 초과 시, 인적사항 등 공개

● **(범칙처분)** 미·과소 신고금액 50억 원 초과 시, 통고처분이나 2년 이하 징역 또는 위반금액의 13% 이상 20% 이하 벌금(병과 가능)

그런데 2023년부터는 해외가상자산계좌도 신고대상 해외금융 계좌에 포함되었다. 여기서 '해외가상자산계좌'란 가상자산거래를 위해 해외 가상자산 사업자에 개설한 계좌를 뜻하며, 가상자산 매매를 위해 해외 가상자산 거래소에 개설한 계정은 물론 가상자산 보관을 위해 해외 지갑사업자에 개설한 지갑도 포함된다. 이러한 점에서 해외가상자산계좌 역시도 매월 말 기준으로 5억 원을 넘겼다면, 해외금융계좌로 신고하여야 한다.

국세청은 국가 간 금융정보 교환자료, 타 기관 수집자료 등을 기초로 매년 해외금융계좌 성실 신고 여부를 엄정히 검증하고 있다. 가상자산 정보의 경우 국가 간 금융정보 교환자료의 대상에는 해당하지 아니할 것으로 보인다. 다만, 타 기관 수집자료 등을 기준으로 해외금융계좌 성실 신고 대상인지 여부를 판단하고 있는바, 가상자산 거래소에서 해외로부터 입금된 다량의 가상자산에 대하여 금융정보분석원(FIU)에 보고하였다면, 해당 자료에 근거하여 해외금융계좌 신고 내역에 포함되어 있는지를 대사할 수 있을 것으로 보인다.

[OECD CARF 보고서 표지]

이러한 점에서 특별한 사정이 없는 한 해외금융계좌 신고제도를 성실히 이행하여야 할 것으로 사료된다. 신고기한 내에 해외금융계좌정보를 미신고한 경우 과태료가 부과되기 전까지 기한 후 신고를 할 수 있고, 신고는 했으나 신고내용에 잘못이 있는 경우 과태료가 부과되기 전까지 수정신고를 할 수 있다. 이 경우 경과한 기간에 따라 최대 90%까지 과태료가 감경될 수 있고, 신고의무 위반금액이 50억 원을 초과한 경우라도 명단공개 대상에서 제외될 수 있다는 점을 고려할 필요가 있다.

기한 후·수정신고 시 과태료 감경률

기한 후 신고한 날	수정신고한 날	감경비율
신고기한 후 1개월 이내	신고기한 후 6개월 이내	90%
신고기한 후 1개월 초과 6개월 이내	신고기한 후 6개월 초과 1년 이내	70%
신고기한 후 6개월 초과 1년 이내	신고기한 후 1년 초과 2년 이내	50%
신고기한 후 1년 초과 2년 이내	신고기한 후 2년 초과 4년 이내	30%

실제로 2023년 신고된 해외금융계좌 중 가상자산계좌는 첫 신고임에도 불구하고 개인·법인 신고자 1,432명이 130.8조 원을 신고하면서 전체 신고자산 중 가장 많은 금액(전체 신고금액 대비 70.2%)이 신고되었다.

2023년 해외금융계좌 신고실적

(명, 조 원)

구분	예·적금	주식	집합투자증권	파생상품	기타	가상자산	총신고
'23 신고인원 (금액)	2,942 (22.9)	1,590 (23.4)	251 (5.2)	100 (2.1)	593 (2.0)	1,432 (130.8)	5,419 (186.4)
'22 신고인원 (금액)	2,489 (22.3)	1,692 (35.0)	208 (3.5)	81 (1.4)	512 (1.8)	– (–)	3,924 (64.0)

법인 신고자는 73개 법인이 120.4조 원(법인 전체 신고금액 대비 74.3%)을 신고하였는데, 코인 발행사인 법인 신고자들이 자체 발행한 코인 중 유보물량을 해외 지갑에 보유하던 중 2023년 최초 신고한 것 등이 주된 원인으로 분석된다.

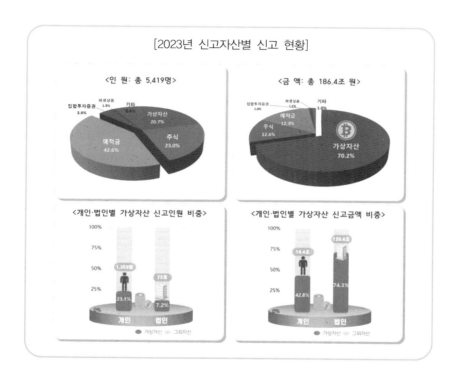

[2023년 신고자산별 신고 현황]

그리고 해외 가상자산계좌를 신고한 개인신고자의 연령대별 보유 현황을 보면 신고인원 비율로는 ① 30대(40.2%), ② 40대 (30.2%), ③ 50대(14.1%) 순으로 높았고, 1인당 평균 신고금액은 ① 30대(123.8 억 원), ② 20대 이하(97.7 억 원), ③ 50대(35.1 억 원) 순으로 높았다.

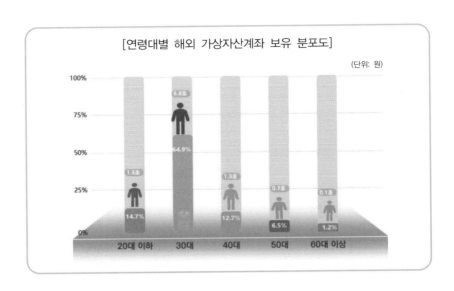

[연령대별 해외 가상자산계좌 보유 분포도]

(단위: 원)

국세청은 2023년 말까지 국가 간 정보교환 자료, 외환 자료, 유관기관, 통보자료 등을 종합하여 해외금융계좌 미신고 혐의자를 철저히 검증하여 과태료 부과 범칙처분 명단공개 및 관련 세금 추징 등을 엄정히 집행할 예정이라면서, 특히 가상자산을 통한 잠재적인 세원 잠식 위험성에 대응하기 위해 국세청을 포함한 전 세계 과세당국이 도입을 추진 중인 가상자산 거래내역 등의 정보교환 보고 규정(Crypto Asset Reporting Framework, CARF)에 따라 정보교환을 준비 중이니 신고대상자는 해외 가상자산계좌도 성실히 신고할 것을 당부하였다.

6 가상자산 거래정보는 언제 금융정보분석원(FIU)에 보고될까?

가상자산 사업자는 금융거래 등과 관련하여 수수한 재산이 불법 재산이라고 의심되는 경우 또는 불법적인 금융거래 등을 통해 자금 세탁행위를 하고 있다고 의심되는 합당한 근거가 있는 경우 해당 고객의 거래를 금융정보분석원장에게 보고해야 한다(특금법 제4조).

또한, 가상자산 사업자는 불법적인 금융거래 등을 통해 자금세탁 행위를 하고 있다고 의심되는 고객의 거래를 보고해야 하며(특금법 제4조), 자금세탁행위 등을 효율적으로 방지하기 위해 필요한 감시 체계를 올바르게 구축·운영하여야 한다(특금법 제5조 및 같은 법 시행령 제9조).

금융정보분석원(FIU)은 2023. 3. 30. 보도자료를 통해 가상자산 사업자의 위법·부당한 사례를 공개하였는데, 다음과 같은 사안에서 의심거래 검토를 태만히 하였다고 지적하였다.

① 사업자 B의 고객 甲(급여 소득자)은 9개월 동안 해외 등으로부터 1,074회에 걸쳐 278억 원 규모의 가상자산을 입고받아(외부 출고 거래 없음) 12,267회에 걸쳐 매도하였으며(가상자산 매수거래는 69회), 현금화된 282억 원을 712회에 걸쳐 전액 인출하는(현금 입금 행위 없음) 비정상적 거래 패턴을 보임에도 사업자 B는 고객 甲의 의심거래 검토를 태만히 함.

② 사업자 C의 20대 고객 乙(직업: 학생)도 해외 등으로부터 73회에 걸쳐 32억 원 규모의 가상자산을 입고받아(외부 출고 거래 없음) 878회에 걸쳐 매도하였으며(가상자산 매수 거래 없음), 현금화된 32억 원을 91회에 걸쳐 전액 인출하는(현금 입금 행위 없음) 비정상적 거래 패턴을 보임에도 사업자 C는 고객 乙의 의심거래 행위와 자금출처·거래목적 확인(고객정보확인)을 태만히 함.

③ 사업자 D의 고객 丙은 5개월 동안('22. 3. 25. 트래블룰 시행 이전) 출처가 불분명한 313개의 가상자산주소에서 32종의 가상자산을 2,243회(164억 원) 입고받은 후 해외로 2,171회(163억 원) 출고 하는 반복된 패턴을 보여 의심거래 추출기준에 334회 적발 되었으나, 사업자 D는 특이사항이 없다고 판단함.

이상과 같이 금융정보분석원(FIU)은 거래 당사자의 소득, 가상자산의 거래내역, 현금 입금 등의 사정을 종합적으로 고려하여 의심거래인지 여부를 판단하고 있다고 사료된다. 다시 말해, 거래 당사자의 소득에 비하여 지나치게 큰 규모의 거래를 하거나, 해외 거래소 등 외부로부터 가상자산을 입고받은 뒤 국내 거래소에서 현금화만 하거나, 별도로 현금을 입금하는 행위를 하지 아니한 경우에는 가상자산 사업자가 의심거래로 보고 금융정보분석원(FIU)에 보고해야 한다는 것이다.

은행과 같은 금융기관의 경우 오랜 기간 동안 금융정보분석원(FIU)에 의심거래를 보고해 왔다. 이에 따라 하루에 1천만 원 이상 현금을 입·출금하는 경우에는 보고되는 등 일정한 기준이 정립되어 있다고 할 것이다. 이에 반하여 가상자산 사업자의 경우 상대적으로 특금법상 규제를 이행한 기간이 짧을 뿐만 아니라, 사례 역시도 많지 않은 상황이다.

이러한 점에서 얼마전에 금융정보분석원(FIU)이 가상자산 사업자들을 대상으로 현장검사를 실시하였는바, 가상자산 사업자들은 다소 엄격한 기준을 적용하여 금융정보분석원(FIU)에 의심거래 내역을 보고하고 있을 것으로 판단된다. 실제로, 금융정보분석원(FIU)이 2023. 10. 10.자로 배포한 '23년 상반기 가상자산 사업자 실태조사 결과에 따르면, 가상자산 사업자의 종사자 수는 1,915명이고, 그 중 특금법상 자금세탁방지(AML)와 관련된 업무를 하는 인원은 총 269명으로 전체 임직원 대비 13.5% 수준이다. 일 평균 거래금액이 대폭 축소되었다는 점을 감안할 때, 상당히 많은 거래 내역에 대하여 가상자산 사업자의 AML 전담직원이 자세히 살펴보고 있을 가능성이 높다고 할 것이다.

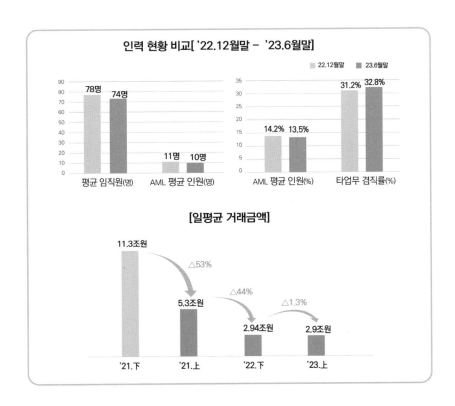

그리고 국세청은 금융정보분석원(FIU)로부터 관련 정보를 2020년의 경우 19,939건, 2021년의 경우 17,475건으로 관련 기관 중 거의 절반에 육박하는 상당히 큰 비중으로 제공받고 있는바, 가상자산 거래내역과 관련된 정보 역시도 상당히 많은 부분이 국세청에 제공되고 있을 것으로 사료된다.

(5) 법집행기관별 정보 제공 현황

(단위: 건)

구분 연도	검찰청	경찰청	국세청	관세청	금융위	선관위	해경청	국정원	공수처	행안부	합계
2020	1,146	14,795	19,939	1,888	0	0	0	0	–	–	37,768
2021	2,642	18,785	17,475	3,651	30	0	0	12	0	0	42,595
합계	21,374	105,835	189,827	35,483	1,216	62	283	19	0	0	354,099

한편, 2023. 9. 27.자 국세신문 기사에 따르면, 국세청은 최근 7년간 금융정보분석원(FIU) 정보를 세무조사와 체납징수 업무에 활용해 연평균 2조2708억원이 넘는 세금을 추징하였고, 체납자 정보 활용으로 3조4487억원의 현금을 징수한 것으로 확인됐다. 이러한 사실을 감안하더라도, 가상자산과 관련하여 FIU의 정보를 토대로 세무조사를 실시하거나, 체납자의 은닉재산을 확인할 가능성이 높을 것으로 보인다.

[국세청, FIU정보 세무조사 활용 실적]

(단위: 건, 억원)

구분	합계	2016	2017	2018	2019	2020	2021	2022
조사건수	93,439	13,802	12,391	14,514	13,778	13,490	12,888	12,576
추징세액	158,955	25,346	23,918	24,635	23,868	20,329	20,807	20,052
건당 추징세액	1.7	1.8	1.9	1.7	1.7	1.5	1.6	1.6

[2022 지방국세청별 FIU정보 세무조사 활용 실적]

(단위: 건, 억원)

구분	합계	서울청	중부청	부산청	인천청	대전청	광주청	대구청
조사건수	12,576	4,537	2,352	1,498	1,450	951	947	841
추징세액	20,052	9,615	3,857	1,937	1,932	903	890	918
건당 추징세액	1.6	2.1	1.6	1.3	1.3	0.9	0.9	1.1

[국세청, FIU정보 체납업무 활용 실적]

(단위: 명, 억원)

구분	합계	2016	2017	2018	2019	2020	2021	2022
체납자	38,753	4,271	7,148	6,128	6,865	5,192	4,073	5,076
현금징수	34,487	5,192	6,670	5,035	5,770	4,662	3,721	3,437
건당 징수세액	0.9	1.2	0.9	0.8	0.8	0.9	0.9	0.7

[2022 지방국세청별 FIU정보 체납업무 활용 실적]

(단위: 명, 억원)

구분	합계	서울청	중부청	부산청	인천청	대전청	광주청	대구청
체납자수	5,076	1,553	1,123	548	700	438	402	312
현금징수	3,437	1,351	735	238	416	334	219	144
건당 징수세액	0.7	0.9	0.7	0.4	0.6	0.8	0.5	0.5

7 가상자산 거래소의 이벤트에서 상금을 얻기 위하여 지출한 거래수수료는 필요경비로 공제받을 수 있을까?

가상자산 거래소에서는 일정 기간 동안 특정 가상자산의 거래량이 많은 상위 거래자에게 상금으로 가상자산을 지급하는 내용으로 이벤트를 연다. 이때 가상자산 거래를 위하여 거래수수료를 지급하였다면, 이를 필요경비로서 공제받을 수 있는지가 문제된다.

이에 대하여 기획재정부는 특정 가상자산의 트레이딩 이벤트에 참가하여 수령한 기타소득의 경우 소득세법 제37조 제2항에 따라 해당 기타소득에 대응하는 비용으로서 일반적으로 용인되는 통상적인 것의 합계액을 필요경비로 하는 것이며, 귀 질의의 가상자산 거래 수수료가 트레이딩 이벤트에서 수령한 기타소득에 대응하는 비용 인지 여부는 사실판단할 사항이라는 내용으로 회신하였다[기획재정부 소득세제과-411(2022. 9. 5.)]. 위 회신 내용만 보면, 마치 필요경비로서 공제될 수 있는 것처럼 보이기도 한다. 기타소득인 상금을 얻는 과정에서 소요된 경비라고 볼 수 있기 때문이다.

그러나 국세청의 유권해석 태도에 비추어 보면, 국세청에서는 특별한 사정이 없는 한 거래수수료를 필요경비로 인정하지 아니할 가능성이 매우 높다고 사료된다. 국세청은 증권사의 주식거래 이벤트와 관련하여 주식 등 거래와 관련하여 지급된 유관기관 비용은 필요경비에 해당되지 않는다고 판단하였기 때문이다(사전-2019-법령해석소득-0229, 2019. 5. 28.). 그러면서 위 판단의 근거로 해당 이벤트에 참석하는지 여부와는 상관없이 주식거래를 하는 자는 유관기관 비용을 지급해야 하므로, 해당 이벤트 소득에 대응하는 비용에 해당하지 아니하다는 사정을 제시하고 있다.

생각건대, 가상자산 거래수수료 역시도 해당 이벤트에 참석하는지 여부와 무관히 발생하는 비용이라는 점에서 상금과 대응되는 필요경비로 인정되지 않는다고 봄이 타당하다. 이러한 점에서 기획재정부 유권해석은 제한적으로 이해할 필요가 있다고 사료된다.

8 가상자산과 관련된 사기죄는 언제 성립할까?

문제의 소재

세법과 직접 관련된 쟁점은 아니나, 실무상 가상자산과 관련된 범죄 중 사기죄가 많이 문제된다. 최근 2023. 5. 21.자 조선비즈 기사에 따르면, 지난 2018년부터 2022년까지 5년간 가상화폐를 이용한 불법행위 피해 금액은 5조2941억원을 기록하였고, 2021년에는 3조1282억원으로 급증할 정도이기 때문이다. 경찰청 등에 적발된 건수는 841건이고, 이 중 가장 많이 적발된 사례는 가상자산을 빙자한 유사수신 및 다단계로서, 총 616건으로 전체 73.2%를 차지했다. 이어 지인 간 코인 구매대행 사기가 177건으로 전체 21%, 가상자산거래소 직원의 사기 및 횡령 등이 48건으로 5.7%로 나타났다. 다만, 위와 같이 통계로 집계된 범죄행위는 수단이 가상자산일 뿐, 가상자산의 발행 그 자체가 사기죄 등으로 문제된 것은 아닌 것으로 보인다. 예컨대, 예전부터 많이 존재하였던 유사수신 및 다단계 범죄행위의 경우 A프로젝트에 투자하면 원금을 보장하고 수십퍼센트의 이자를 지급하며, 다른 사람을 소개시켜 투자하게 되면 추가로 이자나 수당을 지급하는 형태로 피해자를 양산하는데, A프로젝트의 내용이 가상자산 발행 등인 것으로 보이기 때문이다.

이하에서는 가상자산 발행과 관련하여 사기죄를 인정한 취지의 선례를 살펴보겠다.

사기죄 개요

사기죄는 다른 사람을 기망하여 그로 인한 하자 있는 의사에 터 잡아 재물의 교부를 받거나 재산상의 이득을 취득함으로써 성립하는 것으로서, 기망, 착오, 재산적 처분행위 사이에 인과관계가 있어야 한다(대법원 2000. 6. 27. 선고 2000도1155 판결 등). 이 중 가상자산과 관련하여 많이 문제되는 요건은 '기망'과 관련된 것인데, 이에 대하여 대법원은 널리 재산적 거래관계에 있어서 서로 지녀야 할 신의와 성실의 의무를 저버리는 적극적, 소극적 행위를 말하며, 어떤 행위가 다른 사람을 착오에 빠지게 한 기망행위에 해당하는가의 여부는 거래의 상황, 상대방의 지식, 경험, 직업 등 행위 당시의 구체적 사정을 고려하여 일반적, 객관적으로 결정하여야 한다고 보고 있다(대법원 1992. 3. 10. 선고 91도2746 판결 등).

상거래 특히 기업체의 매매에 있어서 매도인이 그 기업의 자산

가치나 수익성 등에 관하여 다소 과장하여 매수인에게 고지하는 것은 흔히 있는 일로서, 그 과장이 일반 상거래의 관행과 신의칙에 비추어 시인될 수 있는 정도를 넘는 때에는 위법한 기망행위로서 사기죄의 구성요건을 충족한다고 보아야 할 것이나, 그에 이르지 아니하는 때에는 사기죄가 성립되지 아니한다고 보고 있다(대법원 1983. 8. 23. 선고 83도1447 판결, 대법원 2008. 9. 11. 선고 2008도5873 판결 등).

코인 발행과 관련하여 사기죄를 인정한 사례

코인을 금으로 교환해 주는 거래소 내지 시스템을 운영하고 있다는 내용의 코인에 대하여 최근 서울고등법원에서는 피고인에게 특정경제범죄가중처벌등에관한법률위반(사기)죄가 성립했다고 보고 실형을 선고하였고(서울고등법원 2023. 2. 9. 선고 2022노141 판결), 최근 대법원에서 원심 판결 내용을 확정하였다(대법원 2023. 5. 18. 선고 2023도3256 판결).

위 판결에서는 가상자산 투자와 관련하여 해당 피해자에 대하여 구체적인 기망행위 등 여러 사정에 대하여 판단이 이루어졌으나, 위 코인의 특성인 금 교환 및 거래소 운영과 관련하여 기망행위 여부도 고려되었다. 법원의 판단 내용을 구체적으로 살펴보면 다음과 같다.

① 2018. 11. 30.과 2019. 1. 3. 이 사건 코인을 금과 교환할 수 있는 플랫폼을 개발 중이라는 내용의 기사가 언론에 보도되었고, B가 2018. 5. 23. AZ와 이 사건 코인과 금 교환 사업 추진을

위하여 '전자금거래 서비스 구축 사업에 따른 골드바 공급 계약'을 체결하였으며, 위 플랫폼 BB에 의하면 일반인이 금 교환을 원할 경우 이 사건 코인을 AE코인으로 교환하여야 하고, AE코인으로 금을 구입하여 AZ에 보관시키거나 금 실물을 받아볼 수 있었다. 이에 비추어 보면, 피고인이 피해자에게 이야기했던 이 사건 코인을 금과 연동하는 플랫폼 구축에 관하여 어느 정도 업무가 진행된 것으로 보이기는 한다.

② 한편, 피고인이 피해자에게 금과 연동되는 플랫폼에 관하여 이야기할 당시인 2018. 8.경에는 금 교환 플랫폼인 것처럼 보이는 홈페이지만 개설되어 있었던 것으로 보이고, 위 홈페이지 내용에 의하면 이 사건 코인을 금으로 교환하기 위해서는 이 사건 코인을 정해진 지갑 주소로 송부하고 그 대가로 AE코인을 받아야 하고, 이 AE코인을 금으로 교환하기 위해 B에 별도로 이메일 등을 통하여 요청하여야 한다는 것이어서 위 홈페이지를 금과 연동되는 플랫폼으로 보기는 어렵다.

또한 피고인이 주장하는 금 교환 플랫폼은 2020. 9.경 만들어 지고도 이를 통한 실질적인 금 교환이 거의 일어나지는 않았던 것으로 보이고, 이 사건 코인으로 손해를 본 피해자 중 한 사람인 R은 수사기관에 '피고인은 이 사건 코인이 금을 기반으로 한다고 하였으나 담보가 없으며, 안정적인 금 담보나 광산 등을 전혀 보유하지 않았다. 자체 거래소를 만들어 BF코인처럼 안정화시킨다고 하였으나 시간을 계속 끌고

있으며 코인을 세 가지나 만들어서 수많은 피해자만 양산하고
있다.'는 진술서를 내고 있다.

이와 같은 점을 종합하여 보면 피고인이 이 사건 코인과 금이
연동하는 플랫폼을 구축하였다고 이야기하고 있으나, 이는 이 사건
코인 투자자들을 끌어들이기 위해 명목상으로만 플랫폼을 구축한
것이 아닌가 강한 의심이 들고, 이 사건 코인을 개발하였던 피고인은
단기간에 금 교환 플랫폼을 개발할 수 없다는 사정을 알면서도
피해자에게 단기간 내에 금 교환 플랫폼이 구축되어 금을 교환하는
등 실생활에 이용 가능하다고 기망한 것으로 보인다.

관련 사례에 대한 평가

가상자산과 관련하여서는 적정한 가치 평가 등이 어려워, 이른바
러그풀(rug pull)을 조심하여야 한다는 말이 공공연히 회자되고 있다.
러그풀(rug pull)은 가상자산 개발자의 사기 행위를 의미하는 단어로,
담요 위에 물건을 놓은 뒤 그 담요를 당길 때 물건이 넘어지는
현상에서 따온 것이다. 가상자산을 개발한다면서 투자금을 모은 뒤
갑자기 프로젝트를 중단하고 남은 자금을 가지고 도망가는 수법이
대표적이다.

위 사건은 금을 가상자산과 교환해 주고, 각종 포인트와 연동
시킨다는 내용으로 유명한 코인과 관련된 것이다. 일반적인 가상

자산 발행 행위와 관련하여 사기죄의 요소인 기망행위가 성립된다는 점을 간접적으로나마 인정한 사안으로서, 선례로서의 가치가 있다고 할 것이다.

한편, 최근 서울남부지방검찰청 금융조사1부는 2023. 5. 25. 위 코인 발행업체의 사무실을 압수수색하였고, 검찰은 위 사건의 수형인이 여러 종류의 코인을 염가에 대량 매수해 마켓메이킹(MM· 거래량과 가격을 인위적으로 부풀리는 행위)을 통해 시세를 띄운 뒤 다른 투자자들을 속여 매도하는 방식으로 부정 이득을 취한 것으로 의심하고 있다고 알려져 있다. 이러한 행위에 대해 사법부의 판단이 어떻게 내려질지 그 결과를 주목할 필요가 있다.

9 가상자산 시세 차익 목적으로 해외로 미화를 반출하여 가상자산을 구매하면 어떤 문제가 발생할까?

 ## 외국환거래법 위반 문제 개요

세법과 직접 관련된 쟁점은 아니나, 실무상 많이 발생한 것이어서 외국환거래법 사안에 대해 간단히 살펴보면 다음과 같다.

가상자산에 대하여 투자가 활발히 이루어지던 2010년대 후반부터 해외 거래소에 비하여 국내 거래소의 가상자산 가격이 높은 현상이 나타났다. 이른바 '김치프리미엄' 내지 '김프'라 불린다.

위와 같은 가상자산의 시세 차이는 해외 거래소에서 가상자산을 구매하여 국내 거래소로 이전할 경우 특별한 위험을 부담하지 않고도 일정 수준 이상의 차익을 기대할 수 있게 하였다. 이에 따라 많은 사람들이 위와 같은 거래를 하여 무위험 시세 차익을 얻고자 하였다.

그런데 외국환거래법은 미화 1만 달러를 초과하는 금전 등을 휴대하여 수출입하려면 관할 세관장에게 신고하여야 하고, 연간 미화 10만 달러를 초과하는 경우 별도의 증빙이 있을 때에만 외화를 송금할 수 있다.

외국환거래법 제16조 본문 제4호는 "거주자 간, 거주자와 비거주자 간 또는 비거주자 상호 간의 거래나 행위에 따른 채권·채무를 결제할 때 거주자가 '외국환업무취급기관등을 통하지 아니하고 지급 또는 수령을 하는 경우' 대통령령으로 정하는 바에 따라 그 지급 또는 수령의 방법을 기획재정부 장관에게 미리 신고하여야 하고, 다만 외국환수급 안정과 대외거래 원활화를 위하여 대통령령으로 정하는 거래의 경우에는 사후에 보고하거나 신고하지 아니할 수 있다."고 규정하고, 그 위임에 따른 외국환거래법 시행령 제30조 제1항은 "법 제16조에 따라 지급 또는 수령의 방법을 신고하려는 자는 기획재정부장관이 정하여 고시하는 신고 서류를 기획재정부장관에게 제출하여야 한다."고 규정하고 있다.

위 시행령의 위임에 따라 외국환은행을 통하지 아니한 지급 등의 방법을 규정하는 외국환거래규정 제5-11조 제1항에서는 '해외여행자가 해외여행경비를 외국에서 직접 지급하는 경우'는 신고를 요하지 않는다고 규정하면서(제2호 본문 참조), 다만 '미화 1만 불을 초과하는 대외지급수단을 휴대수출하여 해외여행경비로 지급하는 경우'에는 대외지급수단을 관할 세관의 장에게 신고한 후 휴대수출하도록 규정하고 있다(제2호 단서 나.목 참조). 위 외국환거래규정 제5-11조 제1항 각 호의 신고 예외사항에 해당하는 경우를 제외하고 거주자가 외국환은행을 통하지 아니하고 지급 등을 하고자 하는 경우(물품 또는 용역의 제공, 권리의 이전 등으로 비거주자와의 채권·채무를 결제하는 경우를 포함한다)에는 한국은행총재에게 신고할 의무가 있고(외국환거래규정 제5-11조 제3항 참조), 이에 따라 '제5-11조의 규정에 의하여 인정된 대외지급수단을 수출하는 경우'에는 별도의 신고를 요하지 아니한다(외국환거래규정 제6-2조 제1항 제5호 가.목 참조).

따라서 가상자산 시세 차익을 얻기 위하여 외화를 무단으로 반출하거나 거짓으로 신고하여 반출할 경우 외국환거래법을 위반하는 결과가 발생하고, 형사처벌 내지 과태료의 문제가 발생한다. 실제로 다수의 사례에서 외국환거래법을 위반하였다는 이유로 형사처벌을 받았다(대법원 2019. 11. 14. 선고 2019도13023 판결 등).

한편, 1966. 7. 28. 법률 제1799호로 개정된 외국환관리법에서 거주자의 해외부동산 취득 금지의무를 위반한 자를 형사처벌하는 외에 당해 행위로 인하여 취득한 부동산을 필요적으로 몰수·추징하는 규정(제36조의2)을 신설한 이래 현행 외국환거래법 제30조에 이르기까지 기본적인 내용의 변화 없이 이어져 오고 있다. 이에 따라 외국환거래법에 따라 형사처벌 문제가 발생할 경우 위반하여 취득한 부동산이나 가상자산 역시 몰수 또는 추징된다고 할 것이다.

덧붙여, 특정경제범죄 가중처벌 등에 관한 법률(이하 '특정경제범죄법'). 제4조 제1항에서는 법령을 위반하여 대한민국 또는 대한민국 국민의 재산을 국외로 이동하거나 국내로 반입하여야 할 재산을 국외에서 은닉 또는 처분하여 도피시켰을 때에는 1년 이상의 유기징역 또는 해당 범죄행위의 목적물 가액(이하 '도피액')의 2배 이상 10배 이하에 상당하는 벌금에 처한다고 규정하고 있다. 그리고 도피액이 5억 원 이상 50억 원 미만일 때에는 3년 이상의 유기징역을, 도피액이 50억 원 이상일 때에는 무기 또는 5년 이상의 징역형을 규정하여 가중처벌하고 있다.

대법원에서는 특정경제범죄법상 재산국외도피죄는 자신의 행위가 법령에 위반하여 국내재산을 해외로 이동한다는 인식과 그 행위가 재산을 대한민국의 법률과 제도에 의한 규율과 관리를 받지 않고 자신이 해외에서 임의로 소비, 축적, 은닉 등 지배·관리할 수 있는 상태에 두는 행위라는 인식을 가지고 국내재산을 해외로 이동하여 대한민국 또는 대한민국 국민의 재산이 유출될 위험이 있는 상태를 발생하게 하는 것, 즉 도피시킴으로써 범죄는 성립하고, 그 후 재산의 일부가 국내에 다시 반입된 여부나 혹은 처음부터 그 재산을 다시 국내로 반입하여 행위자가 임의로 소비할 의사가 있었다고 하더라도 그 범죄의 성립에 영향이 없다고 보고 있다(대법원 1988. 6. 21. 선고 88도551 판결, 대법원 1989. 2. 14. 선고 88도2211 판결, 대법원 2004. 7. 8. 선고 2002도661 판결, 대법원 2006. 10. 27. 선고 2006도2197 판결). 다만, 처음부터 해외에서의 사용을 예정하지 않고 즉시 반입할 목적으로 송금 하였다면, 해외로 이동하여 지배·관리한다는 재산도피의 범의를 부정하는 것이 대법원의 확고한 태도이다(대법원 2005. 4. 29. 선고 2002도 7262 판결).

그리고 재산국외도피죄와 관련하여 외국환거래법령의 위반행위에 대하여 외국환거래법 위반죄로 별도의 공소가 제기되어야 한다거나 위 외국환거래법령의 위반행위는 그 자체로 외국환거래법에 의한 처벌대상이 되므로 이 사건 재산국외도피의 범행은 위 외국환거래법령 위반행위의 불가벌적 사후행위라고 보아야 한다는 상고이유의 주장은 모두 독자적인 견해에 불과하여 받아들일 수 없다면서, 외국환거래법령 위반과 별개로 재산국외도피죄가 성립한다고 보고 있다(대법원 2008. 2. 15. 선고 2006도7881 판결).

따라서 국내외 가상자산 시세 차익을 얻기 위하여 적법한 절차를 거치지 아니하고 외화를 반출하여 가상자산을 취득하는 경우 외국환거래법과 특정경제범죄법상 재산국외도피죄가 동시에 문제될 수 있다.

 ## 최근 과태료처분 취소사건

위와 같이 가상자산 시세 차익을 얻기 위하여 외국환거래법을 위반할 경우 형사처벌 내지 과태료를 부과받게 된다. 그런데 최근 법원에서는 가상자산 시세 차익을 얻기 위하여 외국환거래법을 위반하였음에도 불구하고 과태료 부과처분이 위법하다는 이유로 취소하였다. 그 사건의 내용을 구체적으로 살펴보면 다음과 같다.

A는 국내은행에서 현금인출카드를 발급받은 뒤 해외에 거주하고

있는 지인에게 위 카드를 전달하였다. 이후 지인으로 하여금 해외에 있는 ATM을 통하여 외국환으로 인출하게 한 다음 이를 이용하여 해외 거래소에서 가상자산을 구매하여 한국 거래소로 이전받는 형태로 거래하여 상당한 시세 차익을 얻었다. 관할 세관장은 A에게 외국환거래법 제16조 제4호에서 정한 '외국환은행을 통하지 아니하고 지급 또는 수령하는 경우'에 해당함에도 이를 미신고하였다는 이유로 외국환거래법 제32조 제1항 제3호에 따라 과태료를 부과하였다.

위 사건에서 법원은 외국환거래법에 따라 당시 건당 미화 5천 달러를 초과하는 지급 등을 하려는 경우 관련 서류를 제출하여야 하는데, 이러한 행위를 하지 아니한 것에 불과하므로 외국환거래법 제32조 제2항 제2호(관련 지급절차를 위반하여 지급·수령을 한 자에 대한 과태료 부과규정)에 따른 과태료 부과대상이 될 뿐 외국환거래법 제32조 제1항 제3호(신고를 하지 아니하고 지급 또는 수령을 한 자에 대한 과태료 부과규정)에 따라 과태료를 부과할 수는 없다고 보았다. 즉, 위반자가 신고를 하지 아니하고 지급 또는 수령을 한 것이 아니라, 관련 지급절차를 위반하여 지급·수령을 한 것에 불과하다고 본 것이다.

이 사건은 관할 세관장이 적용 법조를 제대로 판단하여 과태료를 부과하였다면, 과태료 부과처분이 정당하다고 인정될 수 있었던 사안이다. 외국환거래법 위반행위는 존재하였으나, 과태료 부과처분의 근거를 잘못 제시하였다는 이유로 부과처분이 취소된 것이기 때문이다.

따라서 이 사건은 과태료 부과처분을 할 때 근거 법조를 제대로 제시하여야 한다는 측면에서 의미있는 선례에는 해당하나, 가상자산 시세 차익을 얻기 위하여 국내은행 발급 체크카드를 이용하는 형태의 거래가 정당하다는 내용으로 이해되어서는 아니된다는 점을 유의하여야 한다.

10 가상자산으로 얻은 투자수익을 어떻게 증명해야 할까?

 ## 증명책임 관련 법리

법정에서 이루어지는 분쟁 중 대다수는 과거에 있었던 사실관계가 당사자마다 달리 이해하고 있는 데에서 비롯된다. 판사는 변론 전체의 취지와 증거조사의 결과를 참작하여 자유로운 심증으로 사회정의와 형평의 이념에 입각하여 논리와 경험의 법칙에 따라 사실 주장이 진실한지 아닌지를 판단하는데(민사소송법 제202조), 이를 '자유심증주의'라 한다. 그리고 위와 같이 어떠한 사실관계가 진실인지와 관련하여 민사소송에서의 증명책임의 분배에 관한 일반 원칙에서는 권리를 주장하는 자가 권리발생의 요건사실을 주장·증명할 책임을 부담한다고 보고 있다(대법원 1993. 10. 15. 선고 93다4151 전원합의체 판결). 쉽게 말해, 증명책임을 부담하는 당사자가 위와 같은 요건사실을 판사에게 증명하지 못할 경우 패소하게 되는 것이다.

　민사소송법이 준용되는 행정소송에서도 증명책임은 원칙적으로 민사소송의 일반원칙에 따라 당사자 간에 분배되고, 항고소송은 그 특성에 따라 해당 처분의 적법성을 주장하는 피고에게 적법사유에 대한 증명책임이 있다는 것이 확고한 대법원의 태도이다(대법원 2023. 6. 29. 선고 2020두46073 판결). 즉, 과세요건사실의 존부 및 과세표준에 관하여는 원칙적으로 과세관청이 증명할 책임을 부담한다는 것이다.

　그러나 모든 과세요건 사실관계에 대해 모두 과세관청이 증명책임을 부담할 경우 불합리한 결과가 초래될 수 있다. 이러한 점에서 대법원은 구체적인 소송과정에서 경험의 법칙에 비추어 과세요건 사실이 추정되는 사실이 밝혀진 경우에는 납세의무자가 문제로 된 해당 사실이 경험의 법칙을 적용하기에 적절하지 아니하다거나 해당 사건에서 그와 같은 경험의 법칙의 적용을 배제하여야 할 만한 특별한 사정이 있다는 점 등을 증명하지 못하는 한 해당 과세처분이 과세요건을 충족시키지 못한 위법한 처분이라고 단정할 수 없다(대법원 2002. 11. 13. 선고 2002두6392 판결, 대법원 2006. 9. 22. 선고 2006두6383 판결 등)고 보고 있다.

또한, 대법원은 종합소득세과세처분 취소소송에서 과세근거로 되는 과세표준에 대한 입증책임은 과세관청에 있는 것이고, 과세표준은 수입으로부터 필요경비를 공제한 것이므로 수입 및 필요경비의 입증책임도 원칙적으로 과세관청에 있다 할 것이나, 필요경비는 납세의무자에게 유리한 것일 뿐 아니라 필요경비를 발생시키는 사실관계의 대부분은 납세의무자가 지배하는 영역 안에 있는 것이어서 과세관청으로서는 그 입증이 곤란한 경우가 있으므로, 그 입증의 곤란이나 당사자 사이의 형평 등을 고려하여 납세의무자로 하여금 입증케 하는 것이 합리적인 경우에는 납세의무자에게 입증의 필요성을 인정하는 것이 공평의 관념에 부합한다고 하였다(대법원 2007. 10. 26. 선고 2006두16137 판결, 대법원 2009. 3. 26. 선고 2007두22955 판결 등 참조). 즉, 필요경비의 경우 납세자가 입증할 필요가 있다고 하여 사실상 증명책임을 납세자에게 전환하고 있는 것이다.

가상자산의 급격한 가격 상승으로 인하여 막대한 투자수익을 얻은 사례가 있다. 그런데 일부 해외 거래소와 같이 파산(예컨대, FTX)되거나, 고수익을 얻은 가상자산이 상장폐지(예컨대, 루나)되는 경우 해당 거래소 또는 가상자산을 통해 막대한 투자수익을 얻었다고 하더라도 그 증빙을 확보하기가 어려울 수 있다. 이러한 경우 납세자와 과세관청 중 누가 증명책임을 부담하는지에 따라 소송의 승패가 달라질 수 있다.

관련 선례

조심2023전7097, 2023. 9. 4.

위와 같은 사안에서 최근 조세심판원은 필요경비의 증명책임과 관련된 대법원의 태도를 바탕으로 쟁점금액이 과세대상에 해당하지 않는 가상자산소득인지 여부는 납세의무자에게 유리한 것일 뿐 아니라, 쟁점금액이 가상자산소득인지 여부를 판단하기 위한 사실관계의 대부분은 납세의무자가 지배하는 영역 안에 있는 것이므로 쟁점금액이 가상자산소득인지 여부에 대한 입증책임은 청구인에게 있다 할 것인데 반해, 청구인은 쟁점금액이 가상화폐 관련 수입금액이라는 청구주장과 관련하여 객관적인 증빙을 제시하지 아니한 점, 청구인이 계좌 입금액 중 일부가 신고누락금액임을 인정하는 확인서를 작성한 점 등에 비추어 처분청이 청구인에게 종합소득세를 과세한 이 건 처분은 달리 잘못이 없는 것으로 판단된다 하였다.

관련 선례에 대한 평가

앞서 살펴본 것과 같이 대법원은 '필요경비'와 관련하여 납세자에게 사실상 증명책임을 전환하고 있다. 필요경비의 경우 납세자가 과세관청보다 자료를 확보하기가 용이하기 때문이다.

그런데 본건에서는 '필요경비'가 아니라 '수입금액'이 문제되었고, 수입금액에 대한 증명책임은 엄연히 과세관청이 부담하고 있고,

달리 납세자에게 증명책임이 전환된다고 볼 근거도 전혀 없다. 이러한 점에서 '필요경비'의 증명책임과 관련된 법리를 바탕으로 하여, 가상자산으로 얻은 투자수익을 납세자가 증명해야 한다고 본 위 선례는 타당하지 않은 측면이 있다. 다시 말해, 가상자산으로 얻은 투자수익이 납세자의 소득에 해당한다는 내용에 대해서는 과세관청이 증명책임을 부담하여야 하는 것이다.

다만, 대법원은 구체적인 소송과정에서 경험의 법칙에 비추어 과세요건사실이 추정되는 사실이 밝혀진 경우에는 납세의무자가 경험의 법칙의 적용을 배제하여야 할 만한 특별한 사정이 있다는 점 등을 밝혀야 한다는 입장이다. 이에 따르면, 관련 선례의 경우 납세자가 확인서를 작성하였다는 점에 근거하여 일응 과세요건사실이 추정되는 사실이 밝혀졌다고 볼 여지가 있다. 이러한 점에서 만약 조세심판원에서 위 법리에 근거하여 수입금액이 추정된다고 본 것이라면, 법리를 적용하는 과정에서 다소 잘못된 점이 있다고 하더라도 결론에 있어서는 타당하다고 볼 수 있다.

한편, 관련 선례에 있어 사실관계가 모호하기 때문에 확인서의 증거가치에 대하여 판단하기가 곤란한 측면이 있다. 다만, 모든 사건에 있어 '확인서'가 작성되는 경우 그와 관련된 과세요건사실이 추정된다고 보기는 어렵다.

확인서는 조사청이 통상적으로 조사가 완료되는 시점에 납세자에게 날인을 요청하여 납세자가 날인하는 것이다. 이와 같은 확인서는 향후 불복 등의 과정에서 과세 근거에 대한 다툼의 소지를 줄이고자 납세자로부터 받는 서류로서 과세실무상 빈번하게 작성되고 있으며, 국세청 훈령인 「조사사무처리규정」에서 그 작성 근거를 찾을 수 있다(제41조 제4항, '조사사무처리규정 별지 서식 36' 참조).

제41조(조사의 진행) ③ 조사공무원은 과세의 근거자료를 확보하여 향후 불복청구 등에 대비하여야 하며, 납세자 또는 관련인 등의 확인이 필요한 사항에 대해서는 확인서(별지 제40호 서식) 또는 진술서(서술형, 문답형)(별지 제41호, 제42호 서식)를 받아야 한다.

['조사사무처리규정 별지 서식 40' 일부]

■ 조사사무처리규정 [별지 제40호 서식]

확 인 서

확인자	성 명		주민등록번호	
	주 소			
	관 계			
소속 회사	법인명 (상호)		사업자등록번호	
	소재지		대표자 성명 (주민등록번호)	

납세자가 세무조사 과정에서 작성한 이러한 확인서의 증거가치와 관련하여, 대법원은 해당 사실에 대한 구체적인 내용이 들어있어야만 증거로서의 가치를 가진다고 판시하면서(대법원 1998. 7. 10. 선고 96누

14227 판결 등),21) 매출누락을 시인하는 납세자의 확인서에 "재고 부족 71,498개에 따른 매출누락 합계는 488,545,126원"이라는 내용이 기재되어 있을 뿐, 구체적인 거래시기나 거래금액, 거래방법 등에 관하여는 아무런 기재가 없을 뿐만 아니라, 그 기재 내용을 뒷받침 하는 구체적인 매출사실에 대한 증빙자료도 전혀 없는 경우 증거로서의 가치가 없다고 판시하였다(대법원 2003. 6. 24. 선고 2001두7770 판결).

따라서 확인서와 부합하는 다른 사정이 있거나, 그 기재 내용이 구체적인 경우에는 확인서의 기재 내용대로 사실관계가 인정된다고 볼 수 있으나, 그렇지 아니한 경우에는 사실관계에 대하여 충분히 다툴 여지가 있다고 사료된다. 관련 선례의 경우에도 사실관계에 따라 소송절차에서 확인서의 증거가치를 낮출 수 있다고 할 것이다.

---

21) 납세자가 일부 거래가 가공거래임을 인정하는 확인서를 자발적 의사에 기초하여 작성하였지만, 가공거래의 구체적 내용이 확인서에 기재되어 있지 않아 근거과세원칙의 자료로 삼기에 충분한 정도의 증거가치가 없다고 판시한 사안

Part
03
가상자산 발행업자에게
발생하는 세무문제

03

통상적인 가상자산 발행업자의 거래구조

ICO는 기업이 블록체인 기술 개발을 지원할 목적을 달성하고자 또는 블록체인 기술 관련 프로젝트를 시작하기 위해 투자금을 유치하는 것으로 주식공개상장(IPO)과 유사한 측면이 있으며, 자금공급에 대한 반대급부로 가상자산이나 가상자산과 유사한 기능을 가진 토큰을 지급한다.

ICO는 "사전발표 → 제안(Offer) → 마케팅캠페인 → 토큰판매"의 과정을 거친다.

진행 순서	내용
사전발표	• 가상자산 포럼 등에서 프로젝트 목적과 로드맵 발표 • 프로젝트의 특징, 실행 팀·멤버, 그들의 전적, 실적 등 정보 제시
제안(offer)	• ICO의 필수 요건과 프로젝트의 방향성과 목표 제시 • ICO가 목표로 하는 투자자 집단 지정 및 ICO 마감일 공시
마케팅 캠페인	• 전문 에이전시가 고용되어 다양한 컨퍼런스, 로드쇼 진행 • 대형 기관 투자자(고래, whale), 개인 투자자 대상
토큰 판매	• ICO 진행, 프로젝트를 위한 토큰 출시

그런데 우리나라에서는 정부가 2017년경부터 개인이 자신의 계산과 책임하에 가상자산 투자활동을 하는 것은 사적 자치의 원칙이 적용되는 영역이므로 규제대상에 해당하지 않는다고 보았으나, ICO와 같이 제3자로부터 투자자금을 출연받는 등 가상자산과 관련된 투자활동을 "사업"으로 하는 것은 엄격히 금지하였다.

[2017. 9. 29. 자 금융위원회 보도자료]
기술·용어 등에 관계없이 **모든 형태의 ICO를 금지**할 방침

[관계부처 합동 2017. 9. 자 가상통화 현황 및 대응방향 보도자료]
지분증권·채무증권 등 **증권발행 형식**으로 **가상통화를 이용하여 자금조달**(ICO) 하는 행위는 **자본시장법 위반**으로 처벌

ICO(Initial Coin Offerin): 기업이 블록체인 기술 관련 프로젝트를 시작하기 위하여 투자자금을 유치하는 것으로, 자금공급에 대한 반대급부로 가상화폐나 가상화폐와 유사한 기능을 가진 토큰을 지급하는 자금모집행위, 주식공개상장(IPO)과 유사하다.

이러한 상황에서 가상자산 발행업자는 우리나라에서 정상적으로 사업을 영위하기가 어려웠는바, **가상자산을 발행하는 사업을 해외 관계사를 설립하여 그곳에서 진행하되, 내국법인의 경우 해외 관계사에 개발용역 등을 제공하는 형태로 사업을 영위**하였다.

통상적으로는 신규 가상자산 발행사업자가 ICO로 모집한 ETH 등 가상자산은 법인에 보관하거나 다른 가상자산에 투자하거나, 일부는 국내 법인(실제 사업자)과 용역계약을 체결하여 개발 관련 비용 명목으로 국내 법인에 지급하며, 국내 법인은 가상자산 개발을 수행하며, 신규 가상자산 개발이 완료되면 신규 가상자산을 투자자에게 지급한 토큰과 교환하여 지급하고, 일부는 개발자 및 참여자, 어드바이저들에게 지급한다.

개발이 완료된 신규 가상자산은 가상자산 발행사업자가 투자자에게 교환 지급하며, 자체 메인넷 오픈 이후부터 거래·유통이 가능하고, 거래의 활성화를 위하여 가상자산 거래소(빗썸, 업비트 등)에 상장되어 거래되고 있다.

위와 같이 내국법인과 외국법인으로 이원화된 거래 형태로 구성되어 있는바, 다음과 같이 해외 관계사의 내국법인 의제 등 관련된 세무문제가 발생하였다. 이하에서 차례로 살펴보고자 한다.

2 ICO를 진행한 외국법인은 내국법인으로 의제될까?

문제의 소재

법인세법 제2조 제1호에서는 내국법인을 "본점, 주사무소 또는 **사업의 실질적 관리장소가 국내에 있는 법인**"으로, 외국법인을 "본점 또는 주사무소가 외국에 있는 단체(**사업의 실질적 관리장소가 국내에 있지 아니한 경우만 해당**한다)"로 규정하고 있다. 즉, 사업의 '실질적 관리장소'가 국내에 있는지, 국외에 있는지를 기준으로 내국법인과 외국법인을 구분하고 있는 것이다.

앞서 살펴본 것과 같이 가상자산 발행업자의 경우 해외 관계사에서 ICO를 진행하고, 내국법인이 그와 관련된 개발용역 등을 제공하는 형태로 사업을 영위하였다. 이에 따라, 해외 관계사의 경우 인사, 재무, 법무 등의 사무 역시도 내국법인에 위탁하여 운영하고, 해외 관계사의 지분구조는 내국법인과 유사한 경우가 많았다. 이에 따라 해외 관계사가 형식적으로는 외국에서 설립된 것이라 하더라도,

사업의 실질적 관리장소는 국내에 있는 것으로서 내국법인으로 의제되는 것은 아닌지 문제된다.

관련 법리

대법원은 위 규정에서의 '실질적 관리장소'가 법인의 사업 수행에 필요한 중요한 관리 및 상업적 결정이 실제로 이루어지는 장소를 뜻하고, 법인의 사업수행에 필요한 중요한 관리 및 상업적 결정이란 법인의 장기적인 경영전략, 기본 정책, 기업재무와 투자, 주요 재산의 관리·처분, 핵심적인 소득창출 활동 등을 결정하고 관리하는 것을 말한다고 보고 있다(대법원 2021. 2. 25. 선고 2017두237 판결, 대법원 2016. 1. 14. 선고 2014두8896 판결 등).

"내국법인과 외국법인을 구분하는 기준의 하나인 '실질적 관리장소'란 법인의 사업 수행에 필요한 중요한 관리 및 상업적 결정이 실제로 이루어지는 장소를 뜻하고, 법인의 사업 수행에 필요한 중요한 관리 및 상업적 결정이란 법인의 장기적인 경영전략, 기본 정책, 기업재무와 투자, 주요 재산의 관리·처분, 핵심적인 소득창출 활동 등을 결정하고 관리하는 것을 말한다. 이러한 법인의 실질적 관리장소가 어디인지는 이사회 또는 그에 상당하는 의사결정 기관의 회의가 통상 개최되는 장소, 최고경영자 및 다른 중요 임원들이 통상 업무를 수행하는 장소, 고위 관리자의 일상적 관리가 수행되는 장소, 회계서류가 일상적으로 기록·보관되는 장소 등의 제반 사정을 종합적으로 고려하여 구체적 사안에 따라 개별적으로 판단하여야 한다."

헌법재판소 역시도 같은 취지로 판단하고 있다(헌법재판소 2020. 2. 27. 선고 2017헌바159 결정).

"심판대상조항에 따른 내·외국법인의 구별기준과 구별실익, 심판대상조항의 입법연혁 및 취지, 법인세법 등 관련 조항, 모델조세조약과 주석서의 관련 내용 및 체계 등을 유기적·체계적으로 종합하면, 심판대상조항은 '전반적으로 그 법인의 사업을 수행하는데 필요한 중요한 관리 및 상업적 결정이 실질적으로 이루어지는 장소'를 뜻한다. 상법상 이사회의 권한 사항(제393조 제1항 참조) 및 외국의 과세실무 등을 참조할 때 보다 구체적으로는 법인의 일반적 정책·전략 방향, 주요 계약 및 중요한 재무문제 등을 포함한 최고수준의 의사결정 과정 또는 중요한 자산의 처분 및 양도, 대규모 재산의 차입 등을 관리하고 결정하는 것이라고 할 수 있다. 내·외국법인의 구별기준으로서 사업의 실질적 관리장소가 어디인지는 이사회 또는 그에 상당하는 의사결정기구가 통상 열리는 장소, 최고경영자 및 다른 중요 임원들이 통상 업무를 수행하는 장소, 고위수준의 일상적 관리가 수행되는 장소, 회계기록이 보관되는 장소 등 모든 관련된 사실관계 및 제반사정을 종합적으로 고려하여 구체적 사안별로 판단되어야 한다."

이에 따라 대법원은 구체적으로 다음 네 가지 기준 및 제반 사정을 종합적으로 고려하여 구체적·개별적으로 실질적 관리장소의 소재지를 판단하고 있다.

① 이사회 또는 그에 상당하는 의사결정기관의 회의가 통상 개최되는 장소

② 법인에 대한 일상적 관리가 수행되는 장소

③ 회계서류가 일상적으로 기록·보관되는 장소

④ 외국법인의 설립 경위와 조세회피 의도 등 설립 목적

한편, 법인세법에서의 '실질적 관리장소' 개념은 2005. 12. 31. 법률 제7838호로 법인세법이 개정되면서 도입된 것인데, 조세피난처 등에 명목회사(Paper Company)의 본점 등을 두고 실질적으로 국내에서 주된 업무를 수행하는 외국법인 등의 조세회피를 방지함으로써 우리나라의 과세기반을 확대하고, 외국의 입법례 및 국제관행과 상충되는 문제점을 해결하기 위해 OECD 모델 조세조약에서 법인의 최종 거주지 결정기준으로 채택하고 있는 사업의 실질적 관리장소(Place of effective management)를 도입하였다.[22]

법인세법 개정안(의안번호 172840)에 대한 국회 재정경제위원회 심사보고서

둘째, 법인의 거주지를 결정하는 기준으로 관리장소를 적용하는 외국 대부분 국가들의 입법례와 조세조약 체결 시 동 관리기준을 채택하는 국제관행과 상충되는 문제점이 제기되고 있음.

※ "실질적 관리장소"를 내국법인으로 보는 외국의 예
　① 호주: 호주에서 설립되었거나 호주에서 설립되지는 않았지만 호주에서 사업을 영위하고, 주요 경영 및 지배가 호주에서 이루어지거나 그 의결권을 지배하는 주주들이 호주 거주자인 경우
　② 영국: 잉글랜드, 웨일즈, 스코틀랜드 및 북아일랜드 중 한군데에서 설립되었거나 사업이 영국에서 주로 관리 및 지배되는 경우
　③ 독일: 기업의 법적 소재지 또는 관리장소가 독일 내에 위치하는 경우
　④ 프랑스: 법적 소재지 또는 사실상 관리장소를 프랑스에 둔 경우

---

22) 법인세법 개정안(의안번호 172840)에 대한 국회 재정경제위원회 심사보고서

즉, 입법 연혁과 취지상 '실질적 관리장소'를 기준으로 내·외국법인을 구별할 때는 역외에 법인을 설립한 의도가 오로지 조세부담을 회피하려는 데에만 있었는지를 고려하여야 함이 당시 입법자의 의도였고, 조세심판원 역시도 같은 취지로 이해하고 있는 것으로 보인다(조심 2013중1114, 2013. 12. 31.).

> (전략) …법인세법 제1조 제1호의 입법취지는 조세피난처 등에 명목회사(Paper Company)를 두고 실질적으로 국내에서 주된 업무를 수행하는 외국법인의 조세회피를 막기 위한 것이라고 할 것인바… (후략)

 ## 관련 선례

적부-국세청-2021-0112, 2022. 8. 31.

(1) 사실관계

청구법인은 2017. 8. 9. 스위스 현지 법령에 따라 설립된 비영리 재단법인으로, 블록체인 기술을 기반으로 하는 "☆☆☆ 프로젝트 (☆☆☆ Project)"의 추진을 위해 설립되었는데, ☆☆☆ 프로젝트는 비트코인이나 이더리움으로 대표되는 퍼블릭 블록체인(Public Blockchain) 네트워크, 즉 누구나 참여 가능한 공개적이고 탈중앙화된 블록체인 생태계를 구축 및 활성화하는 것을 목적으로 한다.

청구법인은 2017. 9. 20. ICO를 통해 일반인을 대상으로 75,000ETH (이더리움 코인), 기관투자자 및 전략적 투자자들로부터 75,000ETH, 총 150,000ETH를 모집하고, 그 대가로 1ETH 당 2,500개의 ERC20-◇◇◇ Token(이하 "◇◇◇토큰"이라 한다)을 지급하였으며, 위와 같이 모집한 150,000ETH를 재단 장부의 자산 및 자본금 계정 (65,963,689.20CHF)에 계상하고, 이를 대부분 ◇◇◇ 개발비와 홍보비로 지출하였다.

청구법인에 대하여 2021. 5. 11.부터 2021. 7. 24.까지 세무조사를 진행한 조사청은 청구법인이 공부상 스위스에 주소를 두고 있으나, 사업의 실질적 관리장소는 국내에 있는 것으로 보아 청구법인을 내국법인으로 간주하였다.

(2) 국세청의 판단

아래와 같은 사정에 비추어 볼 때, 청구법인의 사업의 실질적 관리장소는 국내에 있는 것으로 봄이 상당하다.

① 세무조사 기간 중 조사청이 실시한 ○○○ 현지확인 내용에 따르면, 청구법인은 별도의 사업장이 없이 ○○○ 소재 경영자문회사인 ▽▽▽의 소재지를 사업장 소재지로 하고 있고, ○○○ 현지에서 근무하는 직원도 전혀 없으며, ○○○에서 청구법인 명의로 은행계좌를 개설한 사실도 없는 것으로 확인된바, 청구법인이 페이퍼컴퍼니에 불과하다는 조사청의 주장에 수긍이 간다.

② ☆☆☆팀의 조직도를 보면, 청구법인은 이○○, 김○○, 이□□, 김△△, 김□□를 중심으로, 그 아래 ☆☆☆☆☆, ◎◎, △△△△ 소속의 직원들을 배치하여 총 110여 명의 ☆☆☆팀 조직을 구성한 것으로 보이고, 이들이 ICO와 관련한 프로젝트 개발, 백서 작성, 투자자 홍보·모집, ◇◇◇ 발행 교환업무 등 제반업무 대부분을 국내에서 담당하였던 것으로 보인다.

③ 청구법인의 설립정관을 보면, 김○○·이○○·김△△·이□□이 설립자로 등재되어 있고, 청구법인은 2017. 8. 9. 김○○를 의장으로 하여 ○○○ 상업등기소에 법인설립등기를 마쳤으며, 이후 김○○는 2020. 12. 18.까지 청구법인의 의장직을 유지하다가, 2020. 12. 18.부터 2021. 6. 17.까지는 이○○이 의장직을 수행하였는바, 최고경영자인 김○○와 이○○은 청구법인이 설립된 2017년부터 ◇◇◇가 개발되어 유통되는 2019년까지 대부분 국내에 거주하고 있었다.

④ 청구법인의 이사회 또는 그에 상당하는 의사결정 기관의 회의가 국내 ☆☆☆☆☆ 사무실 내 Meeting room에서 개최된 사실이 '의사록' 및 ☆☆☆팀 소속 직원의 메일 등으로 확인된다.

⑤ 청구법인의 계약서, 인보이스 등 각종 서류들이 국내의 ☆☆☆☆☆ 사무실과 경영관리팀 직원의 '☆☆☆ 폴더'에서 확인되고, ☆☆☆팀 직원들 간 주고받은 메일 중 "암호화폐 결산자료" 메일이 확인되는 등 청구법인은 ☆☆☆☆☆ 사무실에 회계

원시자료를 보관하고 있었던 것으로 보이고, ☆☆☆☆☆가 결산을 위한 장부기장 등을 수행하였던 것으로 보인다.

 ## 관련 선례에 대한 평가

앞서 살펴본 것과 같이 금융위원회는 2017년 9월경 금감원, 기재부, 법무부 등 관계기관 합동 TF를 개최한 후 국내에서는 모든 형태의 ICO를 금지하였다.[23] 위와 같이 국내에서 ICO가 전면 금지되어 있었으므로, 가상자산 발행업을 영위하고자 하는 사업자는 부득이 해외에서 법인을 설립하여 ICO를 진행할 수밖에 없었던 것이다. 이러한 거래구조는 위 선례의 법인뿐만 아니라 국내 가상자산 발행업 관련 사업자 모두가 동일하게 취한 방식이었다.

내국법인으로 의제하기 위하여 필요한 '조세회피 목적'은 말 그대로 외국법인을 통해 조세를 회피한다는 인식과 의도를 의미한다. 이러한 점에서 관련 선례의 경우 국내에서 ICO가 금지되어 있다는 사정에 기반하여 스위스 현지 법인을 통해 해당 코인의 ICO를 진행하였던 것인바, 조세회피 목적이 아닌 사업상 목적에서 설립된 것이 분명하다. 이러한 점에서 내국법인으로 의제한 뒤 과세한 처분은 납세자로서 납득하기 어려운 측면이 있다.

---

23) "가상통화 관계기관 합동 TF 개최" 관련 2017. 9. 29. 자 보도자료.

대법원 역시도 외국법인의 설립 경위와 조세회피 의도 등 설립 목적을 감안하여 실질적 관리장소가 국내에 있는 것인지 여부를 판단하고 있다.

대법원 2021. 2. 25. 선고 2017두237 판결

(2) 원심은 적법하게 채택한 증거들에 의하여 인정한 사실관계를 바탕으로 그 판시와 같은 이유를 들어, 원고의 사업수행상 필요한 중요한 관리와 상업적 결정의 내용을 국내외 대리점의 개설 및 관리, 운송 및 대선영업에 관한 결정 등으로 특정하고, 그 주체를 원고의 실질적 설립자이자 대표이사였던 CCC으로 확정한 다음, CCC의 주거지 및 사무실, BBB의 업무 수행상 역할, 지위 및 업무수행 내용, 원고의 영업, 경리·회계업무 및 관리업무, 원고의 임원이 통상적으로 활동을 수행하는 장소에 더하여 원고의 설립 경위와 조세회피 의도 등 설립 목적, 원고의 회계기록이 보관되는 장소와 같은 추가적인 고려요소 및 법인의 실질적 관리장소는 관리주체가 외국에서 한 행위의 다과에 따라 결정되는 것이 아니라는 점 등 여러 사정을 종합하여 원고의 실질적 관리장소가 일본을 비롯한 세계 각지라는 원고의 주장을 배척하고, 원고의 실질적 관리장소는 국내라고 판단하였다.

(3) 앞서 본 법리에 따라 기록을 살펴보면 원심의 위와 같은 판단은 정당하다. 거기에 상고이유 주장과 같이 실질적 관리장소의 판단요소 및 적용기준, 실질적 관리장소의 소재지 결정 등에 관한 법리를 오해한 잘못이 없다.

나아가, 대부분의 가상자산 발행업자는 해외 관계사에서 ICO를 진행한 뒤 개발용역 등을 수행하기 위하여 해외 관계사에 소득을 유보시키는 것이 아니라 국내로 가져오는 경우가 대부분이다. 즉, 소득 이전 내지 저세율국가에서의 소득 유보 행위와는 전혀 무관한 것이다. 이러한 점을 보더라도 '조세회피 목적'이 인정되기는 어렵다고 사료된다.

위와 같은 납세자의 항변에 대하여 최근 과세관청은 조세회피 의도가 있는 경우에만 실질적 관리장소를 국내로 판단할 수는 없다고 판단한 서울고등법원 2021. 8. 25. 선고 2020누39268 판결이 대법원 2022. 1. 27. 자 선고 2021두52471 판결에서 심리불속행 기각으로 확정되었다는 점에 근거하여, 조세회피 의도가 없는 경우에도 내국법인 의제가 가능하다고 보고 있다.

 서울고등법원 2021. 8. 25. 선고 2020누39268 판결

2) 원고의 법리적 주장(조세회피 목적이 없어 내국법인이 아니라는 주장에 대한 판단

원고는 … 외국에 법인을 설립한 정당한 목적이 존재하여 조세회피 목적이 없다면 '실질적 관리장소'가 국내임을 이유로 내국법인으로 보아 과세할 수 없다고 주장한다. 그러나 아래와 같은 이유로 원고의 위 주장을 받아들이기 어렵다.

① … 구 법인세법 제1조 제1호가 내국법인의 판단기준인 '실질적 관리장소'와 관련하여 조세회피 목적을 별도로 요구하고 있지 아니함에도, 그 판단에 있어 조세회피 목적이 있을 것이 요구된다고 보기 어렵다.

② 세법 규정의 입법목적으로 조세회피 방지를 고려하였다는 것과 그 과세요건으로 조세회피 목적을 요구할 것인지는 별개로 보아야 한다. (입법취지)를 근거로 법에 규정되지 아니한 조세회피 목적이라는 추가적인 과세요건을 창설할 수는 없다고 봄이 합리적이다.

③ … 외국법인에 대한 국내법에 의한 과세는 과세방식이나 기준의 적용 등에 따라 실질과세의 원칙이나 이중과세 등이 문제될 수 있으므로, '실질적 관리장소'가 국내인지 여부를 판단함에 있어서 여러 사정을 종합적으로 고려할 필요가 있고, 조세회피 목적의 유무에 따라 '실질적 관리장소'의 개념을 판단하기는 어려우며, 실제로 대법원은 앞서 본 법리와 같이 '실질적 관리장소'에 관한 판단의 기준을 제시하였고, 그 판단 기준에 비추어 보면 아래 3)항과 같이 원고는 '실질적 관리장소'를 국내에 둔 법인으로 보인다.

그러나 위 판결은 조세회피 목적이 있는 때에만 실질적 관리장소를 국내로 판단할 수 있다는 원고의 주장을 배척한 것일 뿐, 조세회피 의도와 무관히 실질적 관리장소를 판단하라는 내용의 판결로 보기는 어렵다. 이러한 점에서 조세회피 의도 등 설립목적은 실질적 관리장소를 판단함에 있어 여전히 중요한 고려요소 중 하나에 해당한다고 할 것이다.

가상자산 발행업과 관련하여서는 국내 ICO가 금지되었다는 사정이 충분히 고려되어야 한다. 형식적인 측면에서 내국법인 의제의 요건이 구비되었다는 이유만으로 ICO를 진행한 해외 관계사를 내국법인으로 의제하여 과세하는 것은 납세자의 예측가능성을 중대하게 침해하는 행위일 뿐만 아니라, 2017년 당시 정부의 입장과도 모순되는 측면이 존재한다고 할 것이다. 이에 대하여 내국법인 의제 제도의 취지에 부합하는 내용으로 법원의 현명한 판단이 내려지길 바란다.

3 ICO로 얻은 가상자산에 대해 어떻게 법인세가 과세될까?

문제의 소재

법인세법 제40조는 권리의무 확정주의를 통하여 소득의 귀속시기를 정하고 있다. 이는 소득 원인이 되는 권리 확정 시기와 소득 실현 시기와의 사이에 시간 간극이 있는 경우 과세상 소득이 실현된 때가 아닌 권리가 발생한 때 소득이 있는 것으로 보고 당해 연도 소득을 산정하는 방식을 말한다(대법원 1993. 6. 22 선고 91누8180 판결 등).

한편, 국세기본법 제20조, 법인세법 제43조에 의하면 국세 과세표준을 조사·결정할 때 공정·타당하다고 인정되는 일반기업회계기준 또는 관행에 따라야 하는데, 국제회계기준에서는 발행자가 토큰의 개발부터 발행까지 발생하는 여러 사건 및 거래에 대한 회계처리에 대하여 불분명한 태도를 취하고 있었다. 즉, 토큰 개발 과정에서 지출된 원가를 자산화할 것인지, 발행 단계에서는 어떻게 회계처리하는 것인지, 개발 완료되어 발행 후 유보된(Reserve) 토큰의 자산성 여부에 대하여 어떻게 회계처리를 해야 하는지에 대하여 명확한 기준을 제시하고 있지 아니한 것이다.

이러한 상황에서 가상자산 발행업자가 ICO로 토큰을 수입한 경우 해당 토큰을 지급받은 때에 바로 수익을 인식해야 하는 것인지, 아니면 투자자들에게 새로 발행한 토큰을 지급하는 때에 수익을 인식해야 하는 것인지, 이와 별개로 토큰과 관련된 개발 업무를 모두 완료하는 시점에서야 비로소 수익을 인식하는 것인지 문제된다.

 관련 선례 ①
기획7재정부 법인세제과-0543, 2023. 3. 6.
기준-2022-법무법인-0118, 2023. 3. 9.

질의법인은 2018년 설립된 블록체인 개발 회사로 새로운 가상자산 '◇◇토큰'을 개발하였으며, ◇◇토큰 ICO를 목적으로 설립한 싱가포르 법인 ◇◇ Tech PTE.LTD를 통해 ◇◇토큰 ICO를 실시하였다. 사전 기간(2018. 5. 30.~7. 30.) 및 일반공개 기간(2018. 7. 30.~8. 19.) 동안 ◇◇토큰 65억 개를 공개 판매가격에 해당하는 이더리움(ETH)과 교환하는 형태로 판매하였다.

질의법인은 ◇◇토큰 판매대가로 받은 이더리움에 대해 회계처리 하지 아니하였으며, 2018~2020년 대표자와 주주 명의의 금융계좌를 이용하여 가상자산 거래소에서 이더리움을 원화로 현금화한 후 대표자 등의 계좌에서 질의법인의 계좌로 입금하면서 단기차입금 (73억 원)으로 계상한 후 가상화폐 거래소 개발(법인비용)에 사용하였다.

질의법인이 개발운영하고 있던 코인 거래소에서 2018. 10. 31. 거래가 시작되었고, 2020. 4. 1.부터 발행토큰 중 약 50억 개를 소각하였다.

위와 같은 사실관계 아래에서, 질의법인은 내국법인이 블록체인 및 가상자산 기반의 플랫폼 등에서 사용할 수 있는 유틸리티 토큰[24]을 개발하여 불특정 다수인에게 판매한 대가로 가상자산을 수취한 경우 수익 인식시기를 언제로 볼 것인지, 판매대가로 수취한 가상자산의 가치평가 방법은 세법상 시가 규정이 신설되기 전인 2022. 1. 1. 전에는 어떻게 해야 하는 것인지에 대하여 질의하였다.

이에 대하여 기획재정부는 내국법인이 투자자에게 토큰을 양도하는 때에 수익을 인식하는 것이며, 평가기준일 현재 거래소의 최종 시세가액으로 가치평가하는 것이라고 회신하였다.

---

24) 특정 플랫폼, 재화나 용역에 접근하거나 이용가능한 권리를 나타내는 토큰으로서, 국내 기업이 발행하는 대부분의 유형에 해당한다.

청구법인은 2017. 9. 20. ICO를 통해 일반인을 대상으로 75,000ETH (이더리움 코인), 기관투자자 및 전략적 투자자들로부터 75,000ETH, 총 150,000ETH를 모집하고, 그 대가로 1ETH 당 2,500개의 ERC20-◇◇◇ Token(이하 "◇◇◇토큰"이라 한다)을 지급하였으며, 위와 같이 모집한 150,000ETH를 재단 장부의 자산 및 자본금계정 (65,963,689.20CHF)에 계상하고, 이를 대부분 ◇◇◇ 개발비와 홍보비로 지출하였다.

청구법인에 대하여 세무조사를 진행한 조사청은 청구법인이 ICO 과정에서 투자자들로부터 수취한 150,000ETH를 선수금으로 보았고, 청구법인이 투자자들과 향후 개발하는 신규 가상자산 ◇◇◇를 지급 하기로 하는 약정을 체결하고 이를 개발하여 지급한 것이므로, ◇◇◇ 토큰이 ◇◇◇로 교환되는 시점에 722억 원의 매출을 인식하여야 한다고 판단하였다.

이에 대하여 국세청은 먼저, 선수금은 거래처로부터 주문받은 상품 또는 제품을 인도하거나 공사를 완성하기 이전에 그 대가의 일부 또는 전부를 수취한 금액을 말하며, 제품 또는 용역을 인도 함으로 인해 그 채무가 소멸되는바, 청구법인은 ETH를 수취한 대신 ◇◇◇개발이 이루어진 후 교환할 수 있는 ◇◇◇토큰을 판매하는 형식으로 투자자금을 모집한 것이므로, 이러한 모집행위에 의한 자금은 기여금이 아닌 선수금으로 보인다고 판단하였다.

다음으로, 가상자산의 발행에 따른 손익의 귀속시기는 그 가상자산의 인도일이 속하는 사업연도가 될 것인바, ICO 시 투자자들로부터 수취한 ETH가 선수금에 해당하고, 수취한 ETH의 비율에 따라 ◇◇◇토큰을 지급한 후 ◇◇◇ 개발이 완료되자 ◇◇◇토큰을 ◇◇◇와 교환하여 준 것이므로, ◇◇◇토큰과 ◇◇◇ 교환시점에 그 교환비율에 따라 수익을 인식하여야 할 것으로 판단된다고 하였다.

위와 같은 사정에 비추어 볼 때, 조사청이 ICO 시 투자자들로부터 수취한 ETH를 선수금으로 보고, ◇◇◇토큰과 ◇◇◇가 교환되는 시점에 수익을 인식하여 한 이 건 세무조사 결과통지는 잘못이 없는 것으로 판단하였다.

 ## 관련 선례에 대한 평가

가상자산 발행업자가 투자자들로부터 ICO로 받은 가상자산은 해당 토큰의 취득대가일 뿐만 아니라, 해당 토큰의 개발과 관련하여 사용되는 것이라는 점에서 관련 선례와 같이 '선수금'의 일종으로 취급하는 것은 일응 타당한 것으로 보인다.

그러나 최근 금융당국의 감독지침에서 세부적으로 밝혔듯이, 모든

ICO와 관련하여 선수금으로 취급하는 내용의 유권해석은 타당하지 않고, 개별 가상자산별로 ICO에 따른 의무를 모두 이행한 것인지 여부로 판단하는 것이 보다 타당할 것으로 사료된다. ① 가상자산을 개발하여 투자자에게 이전만 하면 되거나, ② 메인넷과 같이 플랫폼까지 구현해야 하거나, ③ 구현된 플랫폼 내에서 발행자가 재화·용역을 이전하여야 하는 등 가상자산별로 ICO와 관련하여 투자자들과 사이에 다양한 수준·단계의 의무가 존재할 수 있기 때문이다.

따라서 관련 선례는 일응 타당한 측면이 있으나, 모든 ICO와 관련하여 '선수금'으로 취급한 뒤 토큰의 발행시점에 수익으로 취급하라고 오해될 여지가 있어, 회계기준에 따라 보다 면밀하게 수익인식 시기가 판단되어야 할 것으로 보인다.

4 가상자산 발행업자와 관련된 부가가치세 과세문제

관련 규정 등

부가가치세법은 사업자가 행하는 재화 또는 용역의 공급이나 재화의 수입거래를 부가가치세 과세대상으로 규정하고 있다(부가가치세법 제4조). 여기서 '재화'란 재산 가치가 있는 물건 및 권리로서 상품, 제품 등 모든 유체물(有體物)과 전기, 가스, 열 등 관리할 수 있는 자연력 그리고 특허권 등 재산적 가치가 있는 권리를 의미하는 것으로(부가가치세법 제2조 제1호, 같은 법 시행령 제2조), 과세거래인 '재화의 공급'은 계약상 또는 법률상의 모든 원인에 따라 재화를 인도(引渡)하거나 양도(讓渡)하는 것을 의미한다(부가가치세법 제9조 제1항).

이와 관련하여 기획재정부는 가상자산의 공급이 부가가치세 과세대상인 '재화의 공급'에 해당하지 않는다고 해석하고 있고 (기획재정부 부가가치세제과-145, 2021. 3. 2.), 조세심판원(조심2019서 2749, 2019.

12. 31.)과 서울행정법원도 마찬가지 취지로 판단하였다 (서울행정법원 2020. 5. 29. 선고 2019구합72977 판결).

부가가치세법상 과세대상 여부에 대한 검토

(1) 대법원은 권리가 현실적으로 이용될 수 있고 경제적 교환 가치를 가지는 등 객관적인 재산적 가치가 인정되는 경우 부가가치세법상 '재화'에 해당한다고 판시하고 있다(대법원 2018. 4. 12. 선고 2017두65524 판결).

> "부가가치세의 과세거래인 '권리의 공급'에 해당하기 위해서는 현 실적으로 이용될 수 있고 경제적 교환가치를 가지는 등 객관적인 재산적 가치가 인정되어 재화로서의 요건을 갖춘 권리의 양도 등 이 이루어져야 한다."

특히, 대법원은 게임아이템 중개업체의 인터넷사이트를 통하여 온라인 게임(리니지)에 필요한 게임머니를 게임이용자 등으로 부터 매수한 후 이를 다시 다른 게임이용자에게 매도하고, 그 대금을 게임이용자로부터 중개업체를 경유하여 지급받은 사안에서 게임머니가 부가가치세법상 '재화'에 해당한다고 판단하였다(대법원 2012. 4. 13. 선고 2011두30281 판결).

[게임머니 거래사이트 캡처 화면]

아이템 거래는 역시 아이템베이

아이템베이 시세
by itemBay

간편하게 확인하는
시세 정보

게임머니 시세 조회

게임머니 시세
이제 모바일로 만나보세요

이러한 점에 비추어 보면, 가상자산의 경우에도 객관적인
재산적 가치가 인정되는 이상 부가가치세법상 '재화'에 해당
한다고 봄이 타당하다고 할 것이고, 기획재정부나 조세심판원,
서울행정법원의 태도가 잘못된 것이라고 볼 여지가 있다.

(2) 그러나 가상자산이 부가가치세법상 '재화'에 해당한다고 하더
라도, 부가가치세법상 과세대상인 '재화의 공급'인지는 달리
판단될 수 있다. 예컨대, 유가증권이나 상품권 역시도 부가가치
세법상 '재화'에 해당한다고 할 것이나, 유가증권이나 상품권의
판매는 부가가치세법상 과세대상이 아니라고 보는 것이
확고한 과세실무이다.

〈유가증권〉

- 부가가치세법 기본통칙 4-0-3【유가증권 등】수표·어음 등의 화폐대용증권은 과세대상이 아니다.
- 국·공채 매매거래에 대해서는 VAT 과세되지 않음(제도46015-11726, 2001. 6. 27.).
- 유가증권(주식, 채권 등)의 매매 또는 단순한 금전채권의 양도는 부가가치세 과세대상 아님(서삼46015-11517, 2002. 9. 5.).
- 수익권 증서의 양도가 재화공급이 수반되지 아니하는 경우에는 부가가치세 과세대상 거래에 해당하지 아니하는 것임(서삼46015-10237, 2001. 9. 18.).

〈상품권〉

- 사업자가 한국통신이 발행한 전화선불카드를 판매하는 행위는 부가가치세 과세대상 아님(서삼46015-12211, 2002. 12. 20.).
- 월드컵 공식후원사가 국제축구연맹과의 계약에 의해 월드컵 입장권을 취득해 판매하는 경우에는 VAT 과세되지 않음(서삼46015-10608, 2002. 4. 15.).
- 영화를 관람할 수 있는 영화예매선물권을 발행·판매하는 것은 VAT 과세대상 아님(부가46015-980, 2001. 7. 3.).

기획재정부는 이른바 골드뱅킹 거래와 관련하여, "자본시장과 금융투자업에 관한 법률 시행령 제7조 제2항 제1호에 따른 파생결합증권에 해당하는 것으로, 동 금융상품에 원화를 적립하거나 원화로 출금하는 거래는 증권의 매매에 해당하는 것이므로 부가가치세법 제4조에 따른 부가가치세 과세대상에 해당하지 아니하는 것"이라고 보았다(기획재정부 부가가치세제과-323, 2019. 5. 2.).

> 고객이 원화를 입금하면 국제 금시세(달러표시가격) 및 원/달러 환율을 적용하여 금(金)으로 적립한 후, 가입자가 출금 요청 시 국제 금시세 및 환율로 환산한 원화로 출금하는 금융상품을 말한다.

어떤 가상자산이 지급수단형 내지 교환토큰(exchange token), 유가증권형 토큰(security token), 유틸리티 토큰(utility token)인지 등에 따라 내재하고 있는 가치가 상이하다고 볼 수 있으나, 적어도 현시점에서는 거의 대부분의 가상자산은 교환가치만 있다고 보인다.

따라서 가상자산이 교환가치만을 가지고 있다면 가상자산의 공급은 유가증권이나 상품권의 판매와 유사하다고 할 것이므로, 부가가치세법상 과세대상인 '재화의 공급'으로 보기는 어렵다.

(3) 이러한 결론에 대하여 앞서 살펴본 게임머니에 대한 대법원 2012. 4. 13. 선고 2011두30281 판결의 판시내용과 배치되는 것은 아닌지 의문이 들 수 있다. 더구나, 유틸리티 토큰의 경우 교환가치 외에 일정한 효용가치가 포함되어 있다는 점에서 일반적인 가상자산과 달리 취급하여야 한다고 볼 수

있다. 특히, 엑시인피니티와 같이 P2E(Play to Earn) 게임에서 사용되는 토큰(SLP 등)의 경우 게임 캐릭터를 기르거나 아이템을 구매하는 데에 해당 토큰을 사용할 수 있으므로, 게임머니와 유사하다고 볼 수 있다.

[P2E 관련 그림]

그러나 위 대법원 사안은 게임 내에서 효용가치를 가지는 게임머니에 대한 것으로, 이를 근거로 유가증권이나 상품권과 유사한 가상자산을 거래하는 행위 역시도 부가가치세법상 과세대상이라고 보기는 어렵다. 다시 말해, 주식과 같이 해당 기업의 지배력을 수반하는 것이라고 하더라도 주식의 거래는 부가가치세법상 과세대상에서 제외되어 있다.

여기에서 유가증권의 공급이 부가가치세법상 과세대상에서 배제된 이유를 살펴볼 필요가 있다. 유가증권은 재산적 가치가 있는 사권을 표창(表彰)하는 증권으로 유통의 편리성을 도모하기 위한 기능을 수행한다. 즉, 본질적인 기능을 수행하는 유통 과정 자체에서 별도로 부가가치가 창출된다고 보기 어렵다. 이러한 점을 감안하여 유가증권의 공급은 부가가치세법상 과세대상에서 제외된 것이다. 그렇다면 실물자산이 애당초 존재하지 아니하고 블록체인 기술을 통해 유가증권이나 상품권보다 유통성이 높은 가상자산의 공급 역시도 부가가치세법상 과세대상에서 제외된다고 봄이 타당하다.

NFT의 경우 달리 취급할 수 있는지

(1) 국제 자금세탁방지기구인 Financial Action Task Force(이하 "FATF"라 한다)가 2021. 10. 발표한 가상자산 사업자 관련 지침인 Updated Guidance: A Risk-Based Approach to Virtual Assets and Virtual Asset Service Providers(이하 "FATF VASP"라 한다)는 NFT에 관하여, "교환 목적이 아니라 고유하게 존재하고, 실제로 지불이나 투자수단이 아닌 수집품으로서 사용되는 디지털 자산은 일반적으로 NFT라고 불린다"면서, 일반적으로 FATF의 정의상 가상자산에 해당되지 않는다고 설명한다 (FATF VASP 제53항). 다만, 실제로 지불이나 투자수단으로 사용될 경우 가상자산에 해당할 수 있다고 본다.

원문: Digital assets that are unique, rather than interchangeable, and that are in practice used as collectibles rather than as payment or investment instruments, can be referred to as a non-fungible tokens (NFT) or crypto-collectibles. Such assets, depending on their characteristics, are generally not considered to be VAs under the FATF definition.

국문 번역본: 교환 가능한 대신 유일하며 실제로 수집품으로 사용되는 디지털 자산은 NFT 또는 암호화된 수집품으로 언급될 수 있다. 이러한 자산은 그 특성에 따라 FATF(재무 작업 감시 기구) 정의에 따르면 일반적으로 가상자산(VAs)으로 간주되지 않는다.

원문: However, it is important to consider the nature of NFT and its function in practice and not what terminology or marketing terms are used… Some NFTs that on their face do not appear to constitute VAs may fall under the VA definition if they are to be used for payment or investment purposes in practice.

국문 번역본: 그러나 어떤 용어나 마케팅 용어가 사용되는지보다는 NFT의 본질과 실제 기능을 고려하는 것이 중요하다… 일견 가상자산(VA)을 구성하지 않는 것처럼 보이는 몇몇 NFT의 경우에도 실제로 결제 또는 투자 목적으로 사용되는 경우 가상자산에 해당할 수 있다.

금융위원회 역시도 같은 취지에서 NFT는 일반적으로 가상자산이 아니며, 다만 결제·투자 등의 수단으로 사용될 경우에는 가상자산에 해당할 수 있다는 취지로 설명하고 있다(2021. 11. 23. 자 보도설명자료).

한국금융연구원도 '대체불가능토큰(NFT)의 특성 및 규제방안 (2021. 12.)' 연구용역 보고서에서 NFT를 ① 게임아이템, ② NFT 아트, ③ 증권형 NFT, ④ 결제수단형 NFT, ⑤ 실물형 NFT 총 다섯 가지 유형으로 분류하고 각각의 가상자산성을 구분하였고, 통상적으로 NFT라고 이해하고 있는 NFT 아트나 실물형 NFT의 경우 가상자산에 해당하지 아니한다고 판단하였다.

(2) 그렇다면 앞서 가상자산의 공급이 부가가치세법상 과세대상이 아니라고 본 결론은 미술품을 대체하는 형태의 NFT에 대해서는 적용될 수 없다고 볼 여지가 있다. 최근 영국의 화가 뱅크시의 그림 '멍청이(Morons)'를 블록체인 회사 인젝티브프로토콜이 매입한 뒤 이를 소각하고 관련된 NFT를 발행하였으므로, NFT가 해당 미술품을 체화한 것처럼 취급할 수 있기 때문이다.[25]

---

25) https://www.chosun.com/culture-life/art-gallery/2021/03/12/JMQJMRWFI5DX7EYFQS3F QS6J2Q/

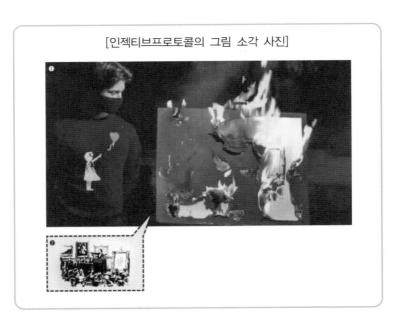

[인젝티브프로토콜의 그림 소각 사진]

미술품을 양도하는 경우 부가가치세법상 과세대상인 재화의 공급에 해당한다(다만, 부가가치세법은 과세거래임을 전제로 부가가치세가 면제된다고 규정[26]하고 있다).

(3) 생각건대, 개별 NFT의 성격에 따라 부가가치세법상 과세대상 여부가 달라질 가능성을 완전히 배제할 수 없고, 이러한 점을 감안하여 과세관청의 유권해석이 나오기 전까지는 보수적인 측면에서 미술품을 체화한 것처럼 취급할 수 있는 NFT의 경우 부가가치세법상 과세대상으로 보고 처리할 필요가 있다고 본다.

---

26) 부가가치세법 제26조 제1항 제16호, 같은 법 시행령 제43조 제1호

다만, NFT가 특금법상 규제대상이 되는 가상자산에 해당하는지와 NFT의 공급이 부가가치세법상 과세대상인지 여부는 별개의 문제라고 본다. 가상자산이나 NFT 모두 본질적으로는 블록체인을 이용한 것으로서 높은 유통성을 특징으로 하고 있기 때문이다. NFT가 유가증권이나 상품권보다 유통성이 높은 이상 NFT의 거래 과정에서 별도로 부가가치가 창출된다고 보기는 어렵다.

나아가, 만약 미술품을 체화한 것처럼 취급할 수 있는 NFT의 공급을 부가가치세법상 과세대상으로 취급할 경우, 부가가치세법상 과세대상인 NFT 여부를 판단하는 기준이 모호해질 수 있다. 해당 미술품 전체를 1개의 NFT로 취급하는 경우에는 미술품을 거래한 것과 마찬가지로 취급된다고 하더라도, 해당 미술품 전체를 여러 개의 NFT로 분할한 때에는 일종의 지분증권을 거래한 것과 같아 미술품을 거래한 것과 같이 취급하기 어렵다. 즉, 하나의 미술품이 여러 개의 NFT로 분할된 경우 해당 NFT는 유가증권과 유사하여, 앞서 살펴본 것과 같이 부가가치세법상 과세대상에서 제외된다고 보는 것이 합리적이기 때문이다.

그렇다면 NFT의 공급을 부가가치세법상 과세대상으로 취급하는 것은 과세실무상 혼란만 야기시킬 뿐이고, 거래 형태를 변경함으로써 쉽게 부가가치세 과세대상에서 제외될 수 있다는 점까지 감안할 때 큰 의미를 가지지도 못한다고 할 것이다. 더구나 과세관청이 '실질과세의 원칙'을 내세우면서 자의적인 법 집행을 야기할 수 있다는 점에서도 납세자의 법적 안정성만 침해되는 결과를 초래한다.

따라서 가상자산이나 NFT 모두 본질적으로 블록체인을 이용한 것으로서 기능상의 차이만 있을 뿐이므로, 동일하게 취급하는 것이 조세중립성의 원칙이나, 부가가치세의 '소비세'로서의 특징에 부합한다고 할 것이다. 또한, 본질적으로 동일한 가상자산과 NFT를 부가가치세법상 달리 취급하는 결과는 도리어 조세공평의 원칙에도 반한다.

(4) 이러한 점에서 NFT라고 할지라도, 가상자산과 마찬가지로 그 공급은 부가가치세법상 과세대상으로 볼 수 없다.

소결론

가상자산이 부가가치세법상 '재화'에 해당한다는 점을 부인하기는 어렵다. 대법원에서 가상자산의 객관적 재산가치를 인정하고 있는 이상, 가상자산의 성격이 무형자산인지 금융상품인지 여부와 무관히 부가가치세법상 '재화'에 해당한다고 할 것이다.

그러나 가상자산이 부가가치세법상 '재화'라 하더라도, 가상자산의 공급이 곧바로 부가가치세법상 과세대상인 '재화의 공급'에 해당한다고 볼 수 없다. 유가증권이나 상품권의 거래는 별도로 부가가치가 창출되지 아니한다고 보아 부가가치세법상 과세대상에서 제외되어 있기 때문이다.

따라서 유가증권이나 상품권에 비하여 유통성이 월등히 높은 가상자산의 경우 그 거래 과정에서 별도로 부가가치가 창출되지 아니한다는 점은 명백하므로, 가상자산의 공급을 부가가치세법상 과세대상으로 취급할 수 없다. NFT의 경우 달리 취급할 가능성을 완전히 배제할 수 없으나, 본질적으로 가상자산과 동일하고 납세자의 법적 안정성 측면을 감안할 때 부가가치세법상 과세대상에서 제외된다고 봄이 타당하다.

국내법인 임직원 등에게 스톡옵션처럼 지급한 가상자산에 대해 어떻게 과세될까?

문제의 소재

가상자산 발행업체의 국내법인 임직원 등은 통상적으로 가상자산을 발행한 외국법인으로부터 스톡옵션의 형태로 가상자산을 지급받는다. 회사의 발전에 기여하는 우수한 인재를 유치할 목적에서 성과보상의 일종으로 임직원들에게 가상자산을 지급하는 것이다.

그런데 소득세법은 열거주의 과세제도를 채택하여 제2장 제2절 제2관 및 제3장에서 소득의 종류를 엄격하게 열거한 후, 각 소득별로 필요경비, 분리과세, 원천징수의무 등을 구별하여 규정하고 있다. 즉, 국내법인 임직원들이 받은 가상자산에 대하여도 소득세법에 따라 과세되는데, 어떠한 소득으로 과세되는지가 문제되는 것이다. 다시 말해, ICO의 경우 해외관계사에서 진행되었고, 가상자산 역시도 해외관계사에서 직접 국내법인 임직원들에게 지급되는데, 국내법인 임직원들이 해외관계사에 간접적으로 고용된 자로서 근로소득에 해당하는 것인지, 아니면 고용관계와 무관히 독립적인 지위에서 용역을 제공한 것으로서 기타소득에 해당하는지 여부가 문제된다.

관련 선례

사전-2022-법규소득-0334, 2022. 5. 26.

주식회사 QQQQ(이하 "QQQQ")은 소프트웨어개발업 등을 영위하는 내국법인으로서 질의인은 QQQQ의 임직원이다. WW 중심의 TT 데이터 생태계 플랫폼에 사용하기 위한 목적으로 KKK라는 가상자산(이하 "본건 가상자산")을 개발하였다.

QQQQ의 주주들은 QQQQ을 통하여 본건 가상자산을 발행하고자 하였으나, 국내에서 모든 형태의 ICO(Initial Coin Offering)가 금지되자 2017년경 해외에 본건 가상자산의 발행·관리·유통을 목적으로 본건 법인을 설립하였고, QQQQ은 본건 법인에 경영관리용역을 제공하면서 수수료를 수취하고 있다.

한편, 본건 법인의 사업계획서에 의하면 본건 가상자산 발행량의 20% 정도를 질의인을 포함한 개발자들에게 배분하여야 하는바, 이에 따라 본건 법인과 질의인을 비롯한 QQQQ 개발자들은 본건 가상자산을 근로소득으로서 지급하는 내용의 계약을 체결하였다(이하 "본건 계약"). 다만, 본건 가상자산 전송 절차 등에 상당한 시간이 소요됨에 따라 실제 지급시점이 약정된 지급시점을 도과하는 사례가 발생하였다.

질의인은 근로소득을 지급받을 때 계약상 약정된 지급일과 실제 수령일이 상이한 경우의 귀속시기에 관하여 질의하였다. 이에 대하여 국세청은 근로계약에 따른 근로의 대가를 금전 외의 것으로 받기로 하였으나, 지급받기로 약정한 시점을 도과하여 이를 지급받은 경우로서 소득세법 시행령 제49조에서 정하는 때에 해당하지 않는 경우의 근로소득의 수입시기는 실제로 지급받는 날에도 불구하고 그 지급 의무가 확정된 날로 보는 것이라고 회신하였다.

관련 선례에 대한 평가

관련 선례는 가상자산을 지급받는 것이 근로소득이라는 전제 아래 소득의 귀속시기를 판단하였다.

근로소득은 근로를 제공함으로써 받는 임금·상여·수당과 유사한 성질의 급여로서, 종업원이 받는 공로금·위로금·개업축하금 기타 이와 유사한 성질의 급여는 근로소득의 범위에 포함되는데(소득세법 시행령 제38조), 지급형태나 명칭을 불문하고 성질상 근로의 제공과 대가관계에 있는 일체의 경제적 이익이 근로소득에 포함될 뿐만 아니라, 직접적인 근로의 대가 외에도 근로를 전제로 그와 밀접히 관련되어 근로조건의 내용을 이루고 있는 급여도 근로소득에 포함된다(대법원 2007. 10. 25. 선고 2007두1941 판결).

위 판결의 경우 외국 자회사의 국내 지점에 근무하는 사람이 외국 모회사로부터 받은 주식매수선택권 행사이익은 근로 제공과 일정한 상관관계 내지 경제적 합리성에 기한 대가관계에 있는 것이라고 보아 소득세법 제20조 제1항 제2호 (나)목에 정한 을종근로소득에 해당한다고 보았다. 즉, 급여지급자가 사용자가 아니라도 근로제공과 일정한 '관련성'이 있으면 근로소득에 해당한다는 것이다. 유사 선례나 유권해석도 마찬가지 취지이다(기준-2020-법령해석소득-0138, 2020. 10. 29.).

〈사실관계〉
• 외국계법인 소속 임직원은 국외 모회사로부터 받은 주식기준보상 소득을 납세조합을 통해 원천징수하여 신고하거나, 종합소득세 확정신고를 통하여 신고하고 있으나
  - 일부 임직원들이 국내 자회사로부터 받은 국내 근로소득 연말정산만 신고하고, 국외 모회사로부터 받은 스톡옵션소득(국외 근로소득)을 납세조합을 통해 원천징수하지 않고, 종합소득세 확정신고도 하지 아니함.

〈질의내용〉
• 국내 근로소득과 국외 모회사로부터 지급받은 스톡옵션이 있는 거주자가 소득법 §70에 따른 종합소득 과세표준 확정신고 의무가 있는지 여부

〈회신〉
귀 과세기준자문의 경우, 소득세법 제127조 제1항 제4호 각 목의 근로소득이 있는 거주자가 그 소득에 대하여 납세조합을 통한 원천징수하지 않은 경우 소득세법 제70조에 따라 종합소득세 확정신고의무가 있는 것임.

요컨대, 소득세법상 소득구분은 먼저 소득의 수령자인 '납세자'를 기준으로 종속적인 위치에서 제공한 근로소득인지 여부를 판단하고 난 뒤, 그에 따른 원천징수 여부는 소득의 지급자를 기준으로 근로소득 여부를 판단하는 것이다.

따라서 본건 가상자산과 관련하여 '근로소득'에 해당된다는 전제 아래 판단한 관련 선례는 지극히 타당한 것이라 할 것이다.

나아가, 소득세 집행기준 24-51-18에서는 근로제공의 대가로 받은 '자기주식'과 관련하여 해당 지급조건이 '성취'된 날에 급여를 지급받은 것으로 보고, 그 주식의 가액은 조건성취일을 기준으로 평가한 가액이라고 보고 있다.

24-51-18 【근로제공대가로 받은 자기주식의 총수입금액 계산】
근로의 제공과 관련하여 해당 법인으로부터 일정기간 근무조건부로 주식을 받는 경우에는 해당 지급조건이 성취된 날에 급여를 지급받은 것으로 보며, 이 경우 근로소득 수입금액에 해당하는 주식의 가액은 해당 조건이 성취된 날 현재의 상속세 및 증여세법 제63조(유가증권 등의 평가)에 따라 평가한 가액으로 한다.

최근 기획재정부도 양도제한조건부 주식(RSU)을 부여받은 근로자가 조건이 성취되어 주식을 지급받을 때 조건부 가격 청구권을 함께 지급받는 경우 해당 조건부 가격 청구권의 근로소득 수입시기와 관련하여 "귀 질의의 경우 해당 조건부 가격 청구권의 근로소득 수입시기는 조건부 가격 청구권의 조건이 달성되어 대가 지급이 확정된 때를 말하는 것"으로 보았다(기획재정부 소득세제과-827, 2023. 9. 12.).

대법원 역시도 외국 모회사가 부여한 주식매수선택권과 관련하여 그 행사차익은 근로소득에 해당한다면서, 그 수입시기는 권리가 '확정'된 주식매수선택권의 행사일이며, 해당 주식의 평가는 소득세법 제24조 제2항에 따라 행사일 현재 환율로 환산한다고 판단하였다(대법원 2007. 11. 15. 선고 2007두5172 판결).

- (근로소득에 해당) 원고들의 이 사건 주식매수선택권 행사이익은 국내 자회사들의 경영과 업무수행에 직접 또는 간접적으로 영향을 미치는 외국 모회사들이 원고들에게 지급한 것으로서 이는 원고들이 국내 자회사들에게 제공한 근로와 일정한 상관관계 내지 경제적 합리성에 기한 대가관계가 있다고 봄이 상당하므로 이 사건 주식매수선택권 행사이익은 소득세법 제20조 제1항 제2호 나목 소정의 을종근로소득에 해당된다고 할 것이고, 이는 원고들과 외국 모회사들 사이에 직접적인 고용관계가 없어 고용계약상의 사용자와 주식매수선택권 부여자가 다르다거나 위 각 주식매수선택권의 행사 당시 구 소득세법 시행령(2002. 12. 30. 대통령령 제17825호로 개정되기 전의 것) 제38조 제1항 각 호에서 주식매수선택권 행사이익이 근로소득에 포함되는 것으로 열거되어 있지 않았다고 하여 달리 볼 것은 아니다.
- (수입시기 = 행사일) 주식매수선택권은 그 행사 여부가 전적으로 이를 부여받은 임직원의 선택에 맡겨져 있으므로 단순히 주식매수선택권의 부여 자체만으로는 어떠한 소득이 발생되었다고 볼 수 없고, 주식매수선택권을 행사하여 주식을 취득함으로써 비로소 해당 주식의 시가와

주식매수선택권 행사가액의 차액에 상당하는 경제적 이익이 확정 내지 현실화된다고 할 것이므로 위 행사 시점에 그로 인한 소득이 발생한 것으로 보아야 할 것이다.

- (평가일 = 행사일) 소득세법 제24조 제2항은 금전 외의 것을 수입하는 때에는 그 수입금액을 그 거래 당시의 가액에 의하여 계산하도록 규정하고 있으므로, 원심이 이 사건 주식매수선택권의 행사이익을 그 행사일 현재의 주식거래가액(시가)에서 주식매수선택권 행사가격(실제 취득가격)을 공제한 차액을 기준 환율로 환산한 금액으로 산정한 것은 위 규정에 따른 것으로서 정당(하다).

이상과 같이 관련 법리 및 선례에 비추어 볼 때, 실제로 가상자산이 이전된 때가 아니라 조건이 성취된 시점에 근로소득이 발생한 것이라는 관련 선례의 태도는 타당하다고 할 것이다.

6 디파이 서비스의 개발자로서 취득한 가상자산의 법인세법상 취득가액은 얼마일까?

관련 규점 등

법인세법은 자산의 취득가액과 관련하여 자기가 제조·생산·건설 기타 이에 준하는 방법에 의하여 취득한 자산의 경우 원재료비·노무비 등 기타 부대비용의 합계액으로, 그 밖의 방법으로 취득한 자산의 경우 취득 당시의 시가로 규정하고 있다(법인세법 제41조 제1항 제2·3호 및 같은 법 시행령 제72조 제2항 제2·7호).

이에 따라 내국법인이 어떠한 자산을 취득하였을 경우 자기가 제조 또는 생산한 것인지 아니면 법인세법에 열거되지 아니한 방법으로 취득한 것인지에 따라 취득가액이 달라진다.

 **관련 선례**

기획재정부 법인세제과-450, 2022. 10. 27.
사전-2022-법규법인-0086, 2022. 10. 31.

질의법인은 블록체인 기반의 다양한 기술을 연구 및 개발하는 회사이고, 2021년 3월 블록체인 기술을 바탕으로 한 디파이(De-Fi, Decentralized Finance) 서비스를 개발하였다.

디파이 서비스는 탈중앙화된 금융시스템을 일컫는 말이며, 블록체인 기술을 이용하여 중앙거래소의 통제를 받지 않고 이용할 수 있는 금융서비스를 제공하는 것이다. 디파이 서비스는 개인과 개인 간의 탈중앙화 금융시스템이므로 서비스에 많은 참여자가 참가하여야 안정적인 서비스의 이용이 가능하다. 따라서 디파이 서비스의 경우 안정적인 서비스의 제공을 위하여 자체 가상자산을 발행하여 디파이 서비스 참여자에게 서비스의 활성화에 기여한 보상으로 디파이 서비스 시스템에서 자체 발행한 가상자산을 수령할 수 있도록 보상 구조를 설계하는 것이 보편적이다.

또한, 디파이 시스템의 개발에 기여한 개발자 및 시스템의 유지 및 활성화에 기여한 서비스 참여자가 자체 발행 가상자산을 수령할 수 있도록 보상구조가 설계되어 있다.

위와 같은 사실관계 아래에서, 질의법인은 디파이 서비스의 개발자로서 취득한 가상자산의 법인세법상 취득가액 산정 방법에 대해 질의하였다.

이에 대해 기획재정부는 법인세법에 열거되지 아니한 방법으로 취득한 것으로 보고 취득 당시의 '시가'로 평가해야 한다고 판단하였다.

 ## 관련 선례에 대한 평가

디파이 시스템의 경우 해당 개발사가 소유권을 가지고 있다고 평가하기는 어려운 측면이 있다. 시스템에 참여하는 자들에 의하여 탈중앙화된 형태로 금융서비스가 제공되기 때문이다. 이러한 점에서는 분명히 디파이 시스템의 개발자라 하더라도, 취득한 가상자산에 대하여 자신이 제조 또는 생산한 것으로 보기는 어려운 측면이 있다.

그러나 기획재정부의 태도를 일관하면, 일반적인 가상자산 발행자가 가상자산을 추가로 발행하는 경우 그 가상자산의 취득가액은 '시가'로 인식하여 그 부분만큼 순자산이 증가되었다는 이유로 과세되어야 한다는 이상한 결론에 이르게 된다. 이러한 결과는 발행 후 내부에 유보되어 있는 토큰은 직접 관련 원가가 발생한 극히 예외적 경우가 아니라면, 자산으로 인식하지 아니한다는 금융 당국의 최근 감독지침과 명백히 배치된다.

가상자산의 경우 '탈중앙화'되어 있다는 이유로 그 취급에 있어 곤란한 측면이 있다. 기획재정부의 유권해석은 위와 같은 특수성을 감안한 것으로서 의미있는 선례로 볼 수 있다. 다만, 가상자산의 취득 시점을 과세의 계기(event)로 삼을 경우 디파이 서비스와 관련하여 법인세 납부에 필요한 재원을 마련하기 위해 개발자로 하여금 시장에서 해당 가상자산을 매도할 유인을 부여하는 결과가 초래된다. 다시 말해, 가상자산을 취득할 때 그 시가만큼 디파이 서비스 개발자의 순자산이 증가한 것으로 본다면, 디파이 서비스 개발자는 디파이 서비스를 종국적으로 책임지기 위하여 취득한 가상자산을 시장에 바로 매도하지 아니하고자 하더라도, 가용현금이 없다면 부득이 법인세를 납부하기 위하여 일부 가상자산의 경우 시장에 매도해야 하는 결과가 나타날 수 있기 때문이다. 이러한 측면에서 디파이 서비스 시장 안정에는 부정적인 영향을 미칠 가능성이 상당하다고 보인다. '조세 중립성'의 측면에서 과연 가상자산의 취득 시점을 과세의 계기로 삼는 것이 바람직할지에 대해서는 면밀한 검토가 필요할 것으로 사료된다.

Part
04
가상자산 거래소에 발생하는 세무문제

1. 비거주자, 외국법인이 거래한 가상자산에 대한 원천징수 문제

2. 채굴형 가상자산 거래소에서 지급한 코인은 가상자산 거래대가에 포함되는가?

04

비거주자, 외국법인이 거래한 가상자산에 대한 원천징수 문제

관련 불복 사례

소득세법 제119조 제12호 타목은 "국내에 있는 자산과 관련하여 받은 경제적 이익으로 인한 소득"을 국내원천 기타소득으로 규정하고 있다. 이에 따라 과세관청은 2019년 말부터 2020년 초순경 비거주자의 경우 거주자와 달리 위 규정에 따라 가상자산 거래소득을 과세할 수 있다고 보고, 빗썸 등과 같은 가상자산 거래소에 대하여 소득세 원천징수처분을 하였다.

빗썸 등은 위 과세처분에 불복하여 조세심판원에 심판청구를 하였으나, 2021년 12월과 2022년 1월경 국내원천 기타소득이 맞으므로 청구인의 청구를 기각하는 취지로 결정하였다(조심2020서859, 2021. 12. 7., 조심2020서7378, 2022. 1. 18.). 그 근거로 조세심판원은, ① 가상자산은 경제적 가치를 디지털로 표상하여 전자적으로 이전, 저장 및 거래가

가능한 것으로 재산적 가치가 있는 무형의 재산이라고 보이는 점
(대법원 2018. 5. 30. 선고 2018도3619 판결), ② 가상자산의 거래차익은 국내
금융계좌를 통해 원화로만 지급되고 있는 점, 회원들이 이 사건
거래소에서 거래하는 쟁점가상자산에 대해서는 빗썸 등의 책임하에
관리되고 있는 점을 제시하고 있다.

다만, 가산세 부과처분에 대해서는 가상자산의 성격과 과세대상
여부 등에 관하여 합의된 해석이 없었고, 가상자산 거래소득에 대한
구체적인 법령 역시 2020년 7월 22일에서야 개정안이 발표된 점
등을 종합하면, 빗썸 등에게 쟁점지급액에 관한 원천징수의무를
기대하는 것은 사실상 무리라고 보이므로 위 과세처분 중 원천징수
납부불성실가산세는 부과하지 않는 것이 타당하다고 판단하였다.
그리고 빗썸이 한 심판청구(조심2020서859, 2021. 12. 7.)에 대해서는
비거주자 회원이 맞는지 재조사를 하여 과세표준 및 세액을 경정
하라고 결정하였다.[27]

조세심판원 결정에 대한 평가

(1) 먼저, 조세심판원의 결정은 상증세법 제5조를 간과한 것으로,
그 자체로 위법하다.

상증세법 제5조 제1항 각 호는 재산의 유형별로 재산의 소재지를

---

27) https://www.sejungilbo.com/news/articleView.html?idxno=37233

규정하고 있고, 제2항에서는 "제1항 각 호에 규정되지 아니한 재산의 소재지는 그 재산의 권리자의 주소로 한다."고 규정하고 있다.

세법에서 재산의 소재지를 구분하는 규정은 위 상증세법 제5조가 유일하다. 상증세법은 피상속인·수증자가 거주자인지 비거주자인지에 따라 재산의 소재지를 기준으로 과세범위를 달리하고 있다(상증세법 제3조 및 제4조의2 제1항). 피상속인·수증자가 비거주자인 경우 국내에 있는 상속재산·증여재산인 때에만 상속세 또는 증여세가 과세된다.

그렇다면 소득세법이나 법인세법에서도 재산의 소재지를 판단함에 있어 상증세법 제5조를 참작하여 판단하는 것이 타당하다. 국세징수법 기본통칙에서도 압류의 대상이 되는 재산과 관련하여 소재지를 판단할 때 상증세법 제5조를 준용하여 판단하도록 하고 있다.

> 24-0…4 【재산의 소재】 ① 압류의 대상이 되는 재산은 이 법의 효력이 미치는 지역 내에 있는 재산이어야 한다. ② 전항의 재산의 소재지 결정에 있어서는 상속세 및 증여세법 제5조(상속재산 등의 소재지)를 준용한다.

대법원 2014. 11. 27. 선고 2013다205198 판결의 원심인 서울고등법원 2013. 4. 18. 선고 2012나63832 판결에서도 상증세법 제5조를 참작하여 재산의 소재지를 판단하고 있다.

① 국세징수법 기본통칙은 앞서와 같이 압류의 대상이 되는 재산은 이 법의 효력이 미치는 지역 내에 있는 재산이어야 한다고 규정하면서, 소재지 결정에 있어서는 상속세 및 증여세법 제5조를 준용한다고 규정하고 있는데, 상속세 및 증여세법 제5조 제1항 제8호는 '자본시장과 금융투자업에 관한 법률을 적용받는 신탁업을 경영하는 자가 취급하는 금전신탁' 이외의 금융자산의 경우 그 재산을 취급하는 금융기관 영업장의 소재지를 상속재산 등의 소재지로 규정하고 있는 점, ② 비록 국세징수법 기본통칙이 행정규칙에 불과하여 법규성을 인정하기 어렵다 하더라도, 재산 소재지의 판단 기준을 정한 위 상속세 및 증여세법 제5조의 입법취지와 규정 형태 등에 비추어볼 때, 이 사건 재산 소재지의 판단과 관련하여 하나의 기준으로 고려할 수 있는 점

그렇다면 가상자산은 상증세법 제5조 제1항 각 호의 어느 하나에 해당하지 않으므로, 같은 조 제2항이 적용된다고 할 것이고, 이 경우 가상자산의 소유권을 주장할 수 있는 자의 주소를 그 소재지로 보게 되므로, 가상자산을 소유한 자가 '비거주자'인 이상 국외재산으로 보는 것이 타당하다.[28]

---

28) 국제사법 제5조에서도 재산 소재지의 특별관할을 인정하고 있어 국제사업과 관련하여서도 이와 유사한 논의가 진행되고 있는데[전장헌, "암호화폐에 관한 국제적인 법적 문제에 관한 고찰", 지급결제학회지 제12권 제1호(2020), 한국지급결제학회, 55~87면], 위 논문 81면에서는 분산대장에 관한 물권법적 문제와 관련된 준거법을 노드 관리자 또는 가상자산 보유자나 가상자산 거래소의 소재지의 법률로 볼 수 있다고 판단하고 있다는 점에서, 가상자산의 소재지에 관하여 사법(私法)적 판단 역시 쉽게 결론내리기 어려운 문제로 보인다.

(2) 다음으로, 조세심판원은 대법원이 가상자산을 범죄수익은닉의 규제 및 처벌 등에 관한 법률(이하 "범죄수익은닉규제법")에 따른 몰수의 대상에 해당한다고 판단하였다는 점에 근거하여, 국내에 소재하고 있는 자산이라고 보았다.

그런데 가상자산은 소위 블록체인(Block Chain)이라는 암호화된 분산원장기술을 통하여 정부나 중앙은행의 개입 없이 탈중앙화된 방식으로 거래와 관련된 정보를 공유 및 관리된다는 점이 다른 자산과 구분되는 가장 중요한 특징이라고 할 수 있다. 이로 인해, 가상자산은 물리적인 형태로 존재하지 아니하고, 전자문서와 같이 특정한 저장매체에 보관되고 있지도 아니하다. 이러한 점에서 가상자산이 '국내'에 소재하고 있다고 보기는 어렵다. 즉, 가상자산은 블록체인상에서 거래내용이 기록되어 있어 권리자라고 볼 수 있을 뿐, 특정한 지갑이나 주소에 가상자산이 소재하고 있다고 보기는 어려운 것이다.

나아가, 대법원 판결은 가상자산이 재산적 가치를 가지고 있는 '재산'에 해당한다고 본 것이지, '국내'에 소재하고 있는 재산이라고 본 것이 아니다. 최근에도 대법원은 비트코인과 같은 가상자산이 타인을 기망하여 취득할 수 있는 재산적 이익이라고 판단하였다는 점(대법원 2021. 11. 11. 선고 2021도9855 판결)에서, 위 판결은 가상자산의 '재산성'을 인정한 것으로 봄이 타당하다.

다만, 대법원은 해외에 소재하고 있는 물품의 경우 몰수할 물품을 몰수할 수 없는 때에 해당한다고 판단한 적이 있다(대법원 1976. 6. 22. 선고 73도2625 전원합의체 판결29)). 그러나 위 판결은 현실적으로 몰수대상 재산을 몰수하기 어렵다면 추징하여야 한다고 판단한 것이지, 해외에 소재하고 있는 물품이 몰수의 대상이 아니라고 본 사안은 아니다. 실제로 위 판결에서는 "본건 백금괴는 본건 범행 시는 물론 현재까지도 피고인의 점유하에 있다 할 것이니 만큼 이를 위 관세법 규정 등 취지에 비추어서 몰수할 것으로되 동 범칙물품이 위와 같은 경위로서 범행 후 위 공소외인의 보관으로 일본 국내에 있으므로 동지역 내에는 아직 우리나라와의 공조법 등이 맺어지지 않고 있어 우리의 재판권을 행사할 수 없으므로 인한 장애로 몰수할 수 없음에 불과하다"고 판단하고 있어, 단순히 해외 소재 물품이라고 하여 몰수의 대상이 아니라고 본 판결로 평가할 수는 없다.

따라서 조세심판원이 '국내'에 소재한 자산이라고 볼 수 있는 근거로 범죄수익은닉규제법상 몰수의 대상이라고 본 대법원 판결을 제시하는 것은 가상자산의 특성과 관련 법리를 오해한데 따른 결론으로 타당하지 않다.

---

29) 판결요지: 관세법 제179조 내지 제181조와 제183조, 제184조 및 제198조 규정 등 취지에 비추어 범인의 범칙물에 대해서는 범인의 소유 또는 점유로 인정되는 이상 필요적으로 몰수되어야 하고 범인의 소유 또는 점유하였던 것을 범인이 소비, 은익, 훼손, 분실하는 등의 장애사유나 그 소재 장소로 말미암은 장애사유로 인하여 몰수할 수 없는 때에는 이를 추징하여야 하므로 일본국 당국이 본건 범행 당시 피고인으로부터 압수한 일본산 백금괴 15개를 일본 국내에 있는 피고인의 대리인인 공소외인이 일본국 재판소로부터 환부받아 피고인을 위하여 보관하고 있는 경우에는 위 법 제198조 소정 몰수할 물품을 몰수할 수 없는 때에 해당된다 할 것이므로 그 물품의 범칙 당시의 국내 도매가격에 상당한 금액을 피고인으로부터 추징하여야 마땅하다.

(3) 마지막으로, 조세심판원은 가상자산의 거래차익은 국내 금융 계좌를 통해 원화로만 지급되고 있고, 빗썸 등의 책임 아래 관리되고 있는 거래소에서 거래가 이루어졌다는 점을 제시하고 있다.

그러나 가상자산의 거래차익은 원화로만 지급받는 것이 아니다. 만약 해당 비거주자가 '원화마켓'이 아닌 'BTC마켓'에서 거래했다면, 가상자산을 거래한 결과는 비트코인으로 남아있을 것이다. 그리고 이와 같은 거래 결과는 가상자산의 출금을 통해 국외에 소재한 것이 분명한 지갑주소로 이전할 수 있다.

나아가, 국내 증권사를 통하여 애플이나 테슬라와 같은 미국 주식을 거래한 경우에는 국내 금융계좌를 통하여 원화로만 주식 양도차익을 받을 수 있고, 국내 증권사의 책임 아래 관리되고 있는 서버를 통하여 거래가 되었는데 원화로 수익을 현실화하였다거나 국내 증권사의 서버를 이용하였다는 이유로 애플이나 테슬라 주식이 국내에 있는 자산이 된다고 볼 수 없다.

따라서 가상자산의 거래차익을 국내 금융계좌를 통해 원화로만 지급받았다는 점을 이유로 국내에 있는 자산이라고 본 조세심판원의 판단은 사실관계를 잘못 이해한 것일 뿐만 아니라 재산의 소재지와 무관한 사정을 제시한 것이므로 납득하기도 어렵다. 다시 말해, '재산의 소재지'는 근본적으로 누가 중개하였는지로 판단하는 것이 아니라, 그 재산이 실제로 어디에 존재하고 있는지 여부에 따라 판단하여야 하기 때문이다.

 소결론

이상과 같은 점에서, 조세심판원의 결정은 빗썸 등의 가상자산 사업자가 원천징수의무자라는 전제 아래 제대로 된 논증 없이 가상자산 거래소득이 국내원천 기타소득이라고 판단한 것으로, 납득하기가 어렵다고 할 것이다. 현재 법원에서 관련된 소송이 진행되고 있는데, 법원에서 재산 소재지에 대한 법리 등을 바탕으로 면밀한 판단이 이루어질 것을 기대한다.

2 채굴형 가상자산 거래소에서 지급한 코인은 가상자산 거래대가에 포함되는가?

문제의 소재

ERC는 Ethereum Request for Comments의 약자로, Ethereum 블록체인 기반의 기술 표준이다. ERC20은 2015. 11. 19. 이더리움 개발자 Fabian Vogelsteller가 제안한 내용인데, ERC20 토큰은 의뢰인이 1만 원의 비용만 지불하면 의뢰한 때로부터 불과 약 4분만에 수백억 개를 만들어낼 수 있다고 한다.[30] 즉, 가상자산을 발행하는 것과 관련하여 고도의 기술이 반드시 필요한 것은 아닌 것이다.

이러한 점에서 가상자산 거래소가 타인이 만든 가상자산을 거래 하도록 하면서 그 과정에서 중개수수료를 수취하는 것뿐만 아니라 중개용역과 함께 자신이 만든 가상자산을 거래량에 비례하여 지급

---

30) 대전지방검찰청 2018. 5. 29. 자 보도자료(가상화폐 거래소, 쇼핑몰 외관을 만들어 가상화 폐 판매대금 30억 원 편취한 거래소 운영자 2명 불구속기소)

하였다면 해당 수수료 중 일부는 가상자산의 발행 대가인 것인지, 아니면 여전히 가상자산 중개수수료에 해당하는지 여부가 문제된다. 과세당국에서는 가상자산의 채굴 또는 발행 대가는 부가가치세 과세대상이 아니라고 보고 있기 때문이다(기획재정부 부가가치세제과-145, 2021. 3. 2., 기준-2017-법령해석부가-0313, 2021. 3. 4.).

가상자산의 공급은 부가가치세 과세대상에 해당하지 아니함.

【질의】
(사실관계)
• 자문법인은 비트코인, 이더리움 등 암호화폐(이하 "가상자산")를 채굴하여 거래소에 판매하고자 컴퓨터 부품 등 고정자산을 매입하고 관련된 매입세액을 공제하여 부가가치세 환급신고함.

(질의내용)
• 비트코인 등 가상자산을 채굴하여 거래소에 판매하는 사업을 영위하는 경우 해당 가상자산의 공급이 부가가치세 과세대상인지 여부

【회신】
위 기준자문 신청의 경우 기획재정부 해석(재부가-145, 2021. 3. 2.)을 참고하기 바람.
◈ 기획재정부 부가가치세제과-145, 2021. 3. 2.
  가상자산의 공급은 부가가치세 과세대상에 해당하지 아니함.

따라서 해당 수수료 중 가상자산 거래소가 만든 가상자산의 대가에 해당하는 부분이 중개용역과 별개로 받은 것으로서, 가상자산의

발행 대가로 인정된다면 부가가치세가 과세되지 아니한다. 반면, 중개용역의 일환으로 받은 것이라면 여전히 중개수수료에 해당하여 중개용역을 제공하고 받은 대가에 해당하기 때문에 부가가치세 과세대상이 된다. 이와 관련하여 최근 서울고등법원에서 판단된 사례가 있어 그 내용을 소개한다.

 관련 불복 사례
서울고등법원 2023. 6. 15. 선고 2022누67601 판결[31]

(1) 처분의 경위

원고 회사는 소프트웨어 개발 및 공급업 등을 주된 업종으로 영위하는 회사로서 2018. 6.경부터 2020. 9.경까지 국내 최초로 채굴형 가상자산 거래소를 내세우는 가상자산 거래소를 운영하였다.

원고 회사는 2018. 8. 7.부터 이 사건 거래소를 이용하는 고객들이 암호화폐(비트코인, 이더리움 등)를 거래하면, 해당 고객들로부터 거래금액의 0.1%에 해당하는 약정수수료(이하 '이 사건 수수료')를 지급받는 한편, 고객들이 거래 당일 이 사건 거래소를 통한 전체 거래에 기여한 정도[32]에 따라 자신들이 자체적으로 발행한 가상화폐인 'dd(ee)' 토큰

---

31) 원고가 상고를 하지 않아 위 판결은 2023. 7. 7. 확정되었고, 항소심 판결이 공개되지 아니한바, 서울행정법원 2022. 10. 27. 선고 2021구합79148 판결의 판시내용을 근거로 사건을 정리하였다.

32) • 일일 ee 토큰 지급량 = 거래 기여도(%) × 일일 총 지급수량
　　• 거래 기여도(%) = (개인별 당일 거래대금 / 거래소 당일 총 거래대금) × 100

(이하 '이 사건 토큰')을 지급하였다(이하 '이 사건 거래구조'). 이 사건 회사의 거래수수료율은 다른 거래소들의 2018년 기준 거래수수료율 (0.02~0.08%)보다 높았다.

한편, 이 사건 거래소의 이용약관은 다음과 같다.

제2조 (정의)

이 약관에서 사용하는 용어의 정의는 다음과 같습니다.

1. "서비스"라 함은 단말기 종류를 불문하고, 회원이 이용할 수 있는 CCC의 암호화폐 거래 서비스 및 이와 관련된 제반 서비스를 의미합니다.
2. "회원"이라 함은 이 약관에 따라 회사와 이용계약을 체결하고, 회사가 제공하는 서비스를 이용하는 고객을 말합니다.
4. "암호화폐"라 함은 서비스에서 거래할 수 있는 비트코인, 이더리움 및 기타 암호화된 화폐를 말합니다.
6. "ee 토큰"이라 함은 회원이 서비스 내에서 암호화폐 거래 등을 통해 채굴할 수 있으며, 회사가 제공하는 서비스(상장 코인 투표권 부여, CCC 수수료 수익 공유 등) 이용 시 부가적인 혜택을 제공하는 회사 자체 발행 암호화폐를 말합니다.
12. 회원 간 거래 관련 용어
    판매자란, 암호화폐를 판매할 의사로 해당 암호화폐를 회사가 온라인으로 제공하는 양식에 맞추어 등록하거나 신청한 회원을 말합니다.
    구매자란, 암호화폐를 구매할 의사로 해당 암호화폐를 회사가 온라인으로 제공하는 양식에 맞추어 등록하거나 신청한 회원을 말합니다.

제17조 (유료 서비스의 이용)

1. 회원은 암호화폐 거래 서비스, 암호화폐 입출금 서비스 등 회사가 제공하는 서비스를 이용하는 경우 이에 따른 수수료를 지급하여야 합니다. 서비스 수수료는 회사의 홈페이지 "고객센터-수수료안내"에 명시되어 있습니다. 회사는 시장 및 회사의 상황에 따라 언제든지 이용에 따른 대가를 수정하여 공시하고, 공시일에 지정한 효력 발생일부터 수정된 내용의 대가를 수익할 수 있습니다.

원고 회사는 2018년 및 2019년 부가가치세 신고 당시에는 이 사건 수수료 전액을 과세표준에 포함시켜 2018년 제2기~2019년 제1기 부가가치세를 신고·납부하였다가, 2020. 4. 21. 이 사건 수수료는 이 사건 토큰 지급에 대한 반대급부로서 부가가치세 과세대상이 아니라는 취지로 주장하며 기납부한 부가가치세의 환급을 요구하는 경정청구를 하였다.

피고 세무서장은 2020. 7. 20. 이 사건 수수료를 고객들에게 이 사건 토큰을 공급하고 수취한 대가로 볼 수는 없고, 원고가 이 사건 거래소를 통해 고객들의 암호화폐 거래를 중개하고 수취한 중개수수료로서 부가가치세 과세대상에 해당한다고 보아 위 경정청구를 거부하였다 (이하 '이 사건 처분').

원고 회사는 이 사건 처분에 불복하여 2020. 10. 7. 조세심판원에 심판청구를 하였으나, 2021. 6. 25. 기각되었다.

(2) 원고 회사의 주장

① 이 사건 수수료는 원고 회사가 이 사건 토큰을 고객에게 지급한 것에 대한 반대급부로서 수취한 것인데, 이 사건 토큰은 암호화폐로서 부가가치세법상의 재화에 해당되지 않으므로, 이 사건 수수료 역시 부가가치세법상 재화 또는 용역 공급의 대가에 해당되지 않는다. 따라서 이 사건 수수료가 부가가치세 과세대상에 해당하지 않음에도 기납부한 부가가치세의 환급을

구하는 경정청구를 거부한 이 사건 처분은 위법하다.

② 암호화폐 거래의 중개라 함은 서로 다른 두 당사자 사이의 암호화폐 거래를 주선하여 주는 것인데, 적어도 당사자가 한 명인 자전거래에 한해서는 원고 회사가 거래의 중개 등 어떠한 용역을 제공하였다고 볼 수 없으므로, 적어도 자전거래 부분에 해당하는 수수료는 용역 제공의 대가로 볼 수 없다.

(3) 법원의 판단

(가) 주장 1: 이 사건 수수료가 이 사건 토큰 공급에 대한 반대급부에 해당하는 것인지 여부

다음과 같은 사정에 비추어 보면, 원고 회사가 이 사건 수수료를 고객들에 대한 이 사건 토큰 공급에 대한 반대급부로 수취한 것이라 볼 수 없다. 따라서 이 부분 원고 주장은 이유 없다.

① 앞서 본 이 사건 거래구조, 이 사건 이용약관 제17조 제1항에서 "회원은 '암호화폐 거래 서비스', 암호화폐 입출금 서비스 등 회사가 제공하는 서비스를 이용하는 경우 이에 따른 수수료를 지급하여야 합니다."라고 규정하는데, 이 사건 이용약관 제2조 제12호에서 "회원 간 거래관련 용어"라는 표제하에 "판매자"와 "구매자"를 규정하고 있는 점에 비추어 위 '암호화폐 거래 서비스'는 판매자와 구매자 사이의 암호화폐 거래를 중개하는

서비스를 의미하는 점, 이 사건 수수료는 이와 같은 원고 회사가 제공하는 서비스의 대가인 점 등을 종합하여 볼 때 이 사건 수수료의 본질은 판매자와 구매자 사이의 암호화폐 거래를 중개하는 용역을 제공함에 대한 대가로 수취하는 중개수수료에 해당한다.

② 이 사건 이용약관 제2조 제6호에서 이 사건 토큰은 서비스 내에서 암호화폐 거래 등을 통해 채굴할 수 있는 것이라고 규정하는바, 이는 고객이 이 사건 거래소에서 암호화폐를 거래함에 따라 이 사건 토큰을 획득할 수 있다는 의미이며, 이 사건 토큰 자체가 원고 회사와 고객들 사이의 거래목적물이 되는 것은 아니라고 보인다.

③ 원고 회사는 이 사건 거래소가 다른 거래소에 비하여 수수료가 높음에도 불구하고 이 사건 토큰을 획득하기 위하여 이 사건 거래소를 이용하였다는 고객들의 진술서와 이 사건 토큰을 획득하기 위한 목적하에서 반복적으로 자전거래(매수 직후 매수한 수량과 동일한 수량으로 다시 매도하는 거래)를 한 고객들의 거래내역 등을 제출하였으나, 이 사건 거래소의 거래량이 증가할수록 원고 회사의 수익이 증가하므로 원고 회사가 영업전략상 고객들의 기여도에 비례하여 이 사건 토큰을 지급한 것으로 보일 뿐, 위와 같은 사정만으로 원고 회사가 고객들에게 이 사건 토큰을 지급하고 그 반대급부로서 이 사건 수수료를 수취한 것이라고 보기는 어렵다.

(나) 주장 2: 자전거래 부분은 용역 제공이 없었다고 볼 수 있는지 여부

이 사건 거래소의 고객이 자전거래를 하는 경우에도 원고 회사가 구축해놓은 시스템을 이용하여 암호화폐를 거래하였으므로, 일부 고객이 매수 직후 매수한 수량과 동일한 수량으로 다시 매도하는 등의 거래를 반복하였다 하더라도 원고 회사가 제공하는 서비스를 이용하여 거래한 이상 용역의 제공이 없었다고 볼 수는 없다. 따라서 이 부분 주장 역시도 이유 없다.

 위 판결의 의의

원고 회사가 받은 이 사건 수수료에 대한 성격은 거래관계 등 제반 사정을 고려하여 판단되는 것이다. 이 사건에서 법원은 거래 구조, 약관의 내용, 거래 당사자의 의사 등을 감안하여 이 사건 수수료가 단순히 가상자산의 발행 대가가 아니라 가상자산 중개용역의 대가에 해당한다고 판단하였다. 나아가, 자전거래가 이루어졌다고 하더라도 중개용역이 제공된 것으로 보아야 한다고 판단하였다. 이 사건의 경우 원고 회사가 한두 가지 주장에 대하여 법원의 판단에 무리가 있었다고 볼만한 사정은 찾기 어려워 보인다.

다만, 사실관계를 제대로 살펴보지 아니한 것으로서 조심스러운 측면이 있으나, 이 사건에서 아쉬운 점은, 이 사건 토큰의 가치만큼은 적어도 에누리, 소위 말해서 할인해준 것이라는 주장을 하지 아니하였다는 점이다. 대법원은 에누리와 관련하여 공제·차감의 방법에 대한 특별한 제한이 없다고 판단하고 있어 에누리의 범위를 넓게 보고 있기 때문이다(대법원 2016. 8. 26. 선고 2015두58959 전원합의체 판결33) 등). 이러한 점에서 이 사건 토큰의 가치만큼 중개수수료를 할인해줬다고 주장이 제기되었다면, 이 사건의 판단이 달라질 가능성이 있었다고 보인다.

---

33) 부가가치세법 제29조는 제1항에서 '재화 또는 용역의 공급에 대한 부가가치세의 과세표준은 해당 과세기간에 공급한 재화 또는 용역의 공급가액을 합한 금액으로 한다.'고 규정하고 있고, 제3항에서 '제1항의 공급가액은 다음 각 호의 가액을 말한다. 이 경우 대금, 요금, 수수료, 그 밖에 어떤 명목이든 상관없이 재화 또는 용역을 공급받는 자로부터 받는 금전적 가치 있는 모든 것을 포함하되, 부가가치세는 포함하지 아니한다.'고 규정하면서 각 호로 '금전으로 대가를 받는 경우: 그 대가'(제1호) 등을 규정하고 있으며, 제5항에서 부가가치세의 과세표준인 공급가액에 포함하지 아니하는 금액으로 이른바 '에누리액'인 '재화나 용역을 공급할 때 그 품질이나 수량, 인도조건 또는 공급대가의 결제방법이나 그 밖의 공급조건에 따라 통상의 대가에서 일정액을 직접 깎아 주는 금액'(제1호) 등을 들고 있다.
이와 같은 부가가치세법 제29조 제1항, 제3항의 문언 내용과 체계에 의하면, 부가가치세의 과세표준에 포함되기 위해서는 재화나 용역의 공급과 대가관계에 있는 것을 받아야 할 뿐만 아니라 그것이 금전 또는 금전적 가치가 있는 것이어야 한다. 그런데 에누리액은 재화나 용역의 공급과 관련하여 그 품질·수량이나 인도·공급대가의 결제 등의 공급조건이 원인이 되어 통상의 공급가액에서 직접 공제·차감되는 것으로서 거래 상대방으로부터 실제로 받은 금액이 아니므로 부가가치세의 과세표준에서 제외되며, 그 공제·차감의 방법에 대한 특별한 제한은 없다. 따라서 고객이 재화를 구입하면서 사업자와 사이의 사전 약정에 따라 그 대가의 일부를 할인받은 경우에 이는 통상의 공급가액에서 직접 공제·차감되는 에누리액에 해당하므로 그 할인액은 과세표준에 포함되지 아니한다.

Part
05
가상자산운용업자 등에게
발생하는 세무문제

1. 자산운용용역과 관련된 부가가치세 과세문제

2. 가상자산 채굴업이나 노드 운영 사업자와 관련된 부가가치세 과세문제

05

1 자산운용용역과 관련된 부가가치세 과세문제

문제의 소재

부가가치세법 제26조 제1항 제11호는 "금융·보험용역으로서 대통령령으로 정하는 것"으로 규정하고 있고, 같은 법 시행령 제40조 제1항 제2호에서는 자본시장과 금융투자업에 관한 법률(이하 '자본시장법')에 따른 투자자문업, 투자일임업 등을 규정하고 있다.

어떤 사업자가 가상자산과 관련하여 타인을 대신하여 운용해주고, 기본보수의 형태로 일정한 수수료를 지급받고, 성과보수의 형태로 운용수익 중 일부를 받았다면, 일견 자본시장법상 투자자문업, 투자일임업 등 자산운용업을 영위한 것으로 취급될 수 있다.

이러한 측면에서 관련된 용역수수료는 부가가치세법상 면세에 해당하여 부가가치세가 과세되지 아니한다고 볼 여지가 있다.

**가상자산운용업에 대하여 부가가치세법상
면세 규정이 적용되는지 여부 검토**

대법원은 부가가치세법상 규정을 종합하여 판단할 때, 법률에
특별한 규정이 없는 한 모든 재화 또는 용역의 공급이 부가가치세의
부과대상이 된다 할 것이며, 조세법률주의의 원칙상 과세요건이나
비과세요건 또는 조세감면요건을 막론하고 조세법규의 해석은 특별한
사정이 없는 한 법문대로 엄격하게 해석할 것이고 합리적 이유 없이
확장해석하거나 유추해석하는 것은 허용되지 아니한다고 할 것이라
면서, 부가가치세법상 면세 범위를 엄격하게 판단하고 있다(대법원
2001. 3. 15. 선고 2000두7131 전원합의체 판결 등).

위와 같은 견지에서, 법원은 부가가치세법상 면세용역인 교육
용역은 주무관청의 허가를 받는 경우에 한하여 적용된다고 보고 있고
(대법원 2020. 4. 9. 자 선고 2019두63546 판결 등), 자본시장법에 따른 금융
위원회의 인가 없이 투자중개업(불법선물·옵션계좌대여업, 일명 미니
선물)을 영위한 경우에는 부가가치세의 면세대상에 해당하지 아니
한다고 보고 있다(대법원 2016. 4. 12. 자 선고 2016두30743 판결).

이러한 사정을 감안할 때, 비록 가상자산과 관련된 자산운용업이
실질에 있어서는 자본시장법상 자산운용업과 유사한 용역을 제공
한다고 하더라도, 특별한 사정이 없는 한 부가가치세법상 과세
대상으로 취급될 가능성이 상당하다고 할 것이다.

2 가상자산 채굴업이나 노드 운영 사업자와 관련된 부가가치세 과세문제

문제의 소재

과세당국에서는 가상자산의 채굴 또는 발행 대가는 부가가치세 과세대상이 아니라고 보고 있다(기획재정부 부가가치세제과-145, 2021. 3. 2., 기준-2017-법령해석부가-0313, 2021. 3. 4.).

가상자산의 공급은 부가가치세 과세대상에 해당하지 아니함.

【질의】
(사실관계)
• 자문법인은 비트코인, 이더리움 등 암호화폐(이하 "가상자산")를 채굴하여 거래소에 판매하고자 컴퓨터 부품 등 고정자산을 매입하고 관련된 매입세액을 공제하여 부가가치세 환급신고함.

(질의내용)
• 비트코인 등 가상자산을 채굴하여 거래소에 판매하는 사업을 영위하는 경우 해당 가상자산의 공급이 부가가치세 과세대상인지 여부

【회신】
위 기준자문 신청의 경우 기획재정부 해석(재부가-145, 2021. 3. 2.)을 참고하기 바람.
◆ 기획재정부 부가가치세제과-145, 2021. 3. 2.
  가상자산의 공급은 부가가치세 과세대상에 해당하지 아니함.

이에 따라 사업자가 부가가치세 과세대상이 아닌 가상자산을 채굴하기 위해 전산장비 등을 취득하는 경우 해당 취득 관련 매입세액은 공제되지 아니한다고 보고 있다(기준-2018-법령해석부가-0116, 2021. 3. 8.).

【질의】
(사실관계)
• 자문법인은 소프트웨어 개발 및 정보처리, 기타 컴퓨터운영 관련업 등 과세사업을 영위하고 있는 법인으로
  – 가상자산에 대한 연구개발 및 사업화(보유 · 판매)를 위해 가상자산 채굴에 필요한 전산장비, 환풍기 등을 매입하고 관련 매입세액을 매출세액에서 공제하여 '18. 1기 부가가치세 예정신고 시 환급신고함.
• 자문관서의 환급 현장확인 시 자문법인은 250여 대의 채굴기를 가동 중이었으며 채굴된 가상자산은 판매하지 아니하고 보유 중이었음.

(질의내용)
• 가상자산 채굴을 위한 장비 취득 관련 매입세액이 공제되는지 여부

【회신】
사업자가 가상자산의 연구개발 및 사업화(보유 또는 판매) 등 부가가치세 비과세사업을 영위하기 위하여 가상자산 채굴 장비 등을 취득하는 경우 해당 취득 관련 매입세액은 부가가치세법 제39조 제1항 제7호에 따라 매출세액에서 공제하지 아니하는 것임.

그에 앞서, 가상자산을 채굴하는 행위가 부가가치세법상 과세 대상인지 여부가 문제된 사건이 있다. 서울행정법원 2020. 5. 29. 선고 2019구합72977 판결에서는 가상자산을 채굴하기 위하여 구입한 각종 전산장비 등과 관련하여 부담한 매입세액을 매출세액에서 공제할 수 있는지 문제되었기 때문이다. 즉, 부가가치세법에서는 과세사업과 관련된 매입세액을 공제받을 수 있다고 규정하고 있는데 (부가가치세법 제38조 제1항 제1호, 제39조 제1항 제7호), 채굴업이 부가가치세법상 과세대상으로서 관련 매입세액을 공제받을 수 있는 것인지 문제된 사안이었다. 이와 관련하여 법원은 "현재까지 암호화폐 거래에 관한 과세를 두고 여러 논의가 있었지만 적어도 현재 세법 체계에서는 과세당국이 이를 부가가치세 과세대상으로 삼고 있지 않는 사실을 인정할 수 있다"면서, 구체적인 논증 없이 부가가치세법상 면세대상이라고 판단하였다. 그런데 최근 채굴업이 부가가치세법상 과세대상인지 여부에 대하여 보다 자세한 판단이 이루어졌는바, 관련 판례를 소개하고자 한다.

관련 불복 사례
수원고등법원 2023. 7. 19. 선고 2022누14298 판결[34]

(1) 처분의 경위

원고들은 연구개발 관리업 내지 소프트웨어 연구개발관리업 등을 각 영위하고 있는 개인사업자들이다. 원고들은 2018. 초순경 A로부터 가상화폐 채굴을 위한 컴퓨터 및 관리용역을 공급받고(이하 원고들이 공급받은 컴퓨터 및 관리용역을 총칭하여 '이 사건 재화등'), 관련 매입세액을 공제하여 부가가치세를 신고하여 환급받았다(이하 '이 사건 환급신고').

피고 세무서장는 원고들의 이 사건 재화등 구입이 가상화폐 채굴과 관련된 매입에 해당하고, 가상화폐 채굴업이 부가가치세 면제대상에 해당하므로 이 사건 재화등은 면세사업등에 관련된 매입세액으로 공제될 수 없다고 보아 원고들의 환급신청을 거부하고 원고들에게 부가가치세를 경정·고지하였다(이하 통칭할 경우 '이 사건 처분').

원고들은 이에 불복하여 조세심판청구를 제기하였으나, 2021. 5. 27. 조세심판원은 최종적으로 이를 각 기각하는 결정을 하였다.

---

34) 2023. 9. 15. 현재 대법원 2023두50509호로 사건이 진행 중에 있고, 항소심 판결이 공개되지 아니한바, 수원지방법원 2022. 9. 22. 선고 2021구합71183 판결의 판시내용을 근거로 사건을 정리하였다.

(2) 원고들의 주장

이 사건 처분은 아래와 같은 이유로 위법하여 취소되어야 하고, 피고 대한민국은 원고들에게 이 사건 환급신고에 따른 환급세액을 지급하여야 한다.

① 가상화폐 공급은 부가가치세의 과세대상에 해당하는 것이고, 이 사건 재화등은 가상화폐 채굴을 위해 사용된 것이므로 부가가치세 매입세액을 불공제한 이 사건 처분은 위법하다.

② 가상화폐 공급이 면세사업에 해당한다 하더라도 이 사건 처분 당시에 가상화폐가 부가가치세 과세대상이 되는지 명확하지 않았으므로 원고들의 신고 의무를 이행할 것이라고 기대하기 어려운 사정이 있었다. 따라서 원고들의 의무 해태를 탓할 수 없는 정당한 사유가 있다고 할 것이어서 이 사건 처분 중 가산세를 부과한 부분은 위법하다.

(3) 법원의 판단

(가) 주장 1: 가상화폐 공급이 부가가치세 과세대상인지 여부

가) 부가가치세법 제4조에 의하면 사업자가 행하는 재화 또는 용역의 공급에 대하여 부가가치세를 과세하며, 같은 법 제38조 제1항 제1호에 따르면, 사업자가 자기의 사업을 위해 사용하였거나 사용할 목적으로 공급받은 재화 또는 용역에

대한 부가가치세액은 매출세액에서 공제할 수 있는 반면, 같은 법 제39조 제1항 제7호 및 제29조 제8항에 따르면, 면세사업 및 부가가치세가 과세되지 아니하는 재화 또는 용역을 공급하는 사업(이하 '면세사업 등')에 관련된 매입세액(면세사업 등을 위한 투자에 관련된 매입세액을 포함)은 매출세액에서 공제할 수 없다.

나) 부가가치세법 제2조 제1호는 '"재화"란 재산 가치가 있는 물건 및 권리를 말한다. 물건과 권리의 범위에 관하여 필요한 사항은 대통령령으로 정한다.'고 정하고 있고, 부가가치세법 시행령 제2조 제1항에서는 위 물건에 관하여 '상품, 제품, 원료, 기계, 건물 등 모든 유체물과 전기, 가스, 열 등 관리할 수 있는 자연력'으로 정하고 있으며, 제2항에서는 위 권리에 관하여 '광업권, 특허권, 저작권 등 제1항에 따른 물건 외에 재산적 가치가 있는 모든 것으로 한다.'고 정하고 있다.

한편, 가상화폐란 '중앙은행 또는 공공당국에서 발행하는 것이 아니거나 혹은 법정통화에 필수적으로 부수되지 않지만, 자연인 또는 법인이 교환수단으로 사용하는 경제적인 가치의 디지털표상으로 (경제적인 가치가) 전자적으로 이전, 저장 또는 거래될 수 있는 것'으로 정의할 수 있다.

다) 위와 같은 법령 조항의 내용, 가상화폐의 의미에 아래와 같은 사정 등을 종합하여 보면 원고들이 채굴하였다는 가상 화폐는

부가가치세법이 정하는 재화로 볼 수 없거나 설령 재화에 해당한다고 하더라도 위와 같은 가상화폐 공급이 부가가치세 부과 대상이라고 볼 수 없다. 따라서 원고들의 이 부분 주장은 이유 없다.

① 먼저 가상화폐가 현행 부가가치세법이 정하는 재화에 해당하는지 살펴본다.

부가가치세법이 정하는 재화는 재산적 가치가 있는 물건이나 권리를 의미하고, 위에서 살펴본 것처럼 부가가치세법령이 정하는 재화 중 물건은 '유체물'과 '관리할 수 있는 자연력'을 의미하는바 가상화폐는 유체물과 자연력이 아님은 명백하므로 가상화폐를 부가가치세법이 정하는 물건이라고 볼 수 없다.

따라서 가상화폐가 부가가치세법이 정하는 재화에 해당하려면 부가가치세법이 정한 재산 가치가 있는 '권리'에 해당하여야 하는데 가상화폐는 사용가치는 없고 지급수단으로서의 기능만 가지는 것으로 이를 광업권, 특허권, 저작권 등 재산 가치가 있는 '권리'에 해당한다고 보기도 어렵다. 가상화폐를 '권리'로 보는 것은 "특별한 이익을 누릴 수 있는 법률상의 힘"이라는 권리의 사전적 의미에도 반한다.

물론 부가가치세법 시행령 제2조 제2항에서 권리에 대하여 '광업권, 특허권, 저작권 등 물건 이외에 재산적 가치가 있는 모든 것'이라고 정하고 있지만 사전적 의미의 권리에 포섭할 수 없는 것인데도 '유체물이나 관리할 수 있는 자연력이 아닌 재산적 가치가 있는 모든 것'에 해당되기만 한다면 '권리'로 보는 것은 권리의 의미에 대하여 문리해석의 범위를 벗어난 것일 뿐만 아니라, 조세법규 엄격해석의 원칙에도 반하고, 위와 같은 재산적 가치가 있는 물건 및 권리를 재화로 규정하고 그 구체적 의미에 대하여 시행령에 별도로 규정한 부가가치세법 규정 체제에도 반하는 해석으로 보인다.

② 설령 달리 보아 가상화폐가 현행 부가가치세법상 권리의 개념에 포섭되어 재화로 볼 수 있다고 하더라도, ㉠ 부가가치세는 소비재의 사용·소비행위에 담세력을 인정하는 세제인데(대법원 2018. 4. 12. 선고 2017두65524 판결 참조) 가상화폐를 사용가치가 있는 소비재라고 보기 어렵고 가상화폐는 교환가치에 그 주된 효용이 있는 점, ㉡ 비록 그 가치가 법정화폐 대비 수시로 변하는 특성이 있기는 하나 이는 외국화폐의 환율 변동과 유사하게 취급할 여지가 있는 점 등을 고려할 때 가상화폐의 공급 및 유통행위를 통해 부가가치가 창출된다고 보기도 어렵다.

③ 현재 세법 체계에서 과세당국은 가상화폐를 부가가치세 과세 대상으로 삼고 있지 않으며, 원고들도 가상화폐 공급과 관련하여 부가가치세 매출세액을 신고한 바가 없다.

④ 부가가치세법 시행규칙 제78조, 별지 제48호의4 서식에서는 '가상화폐를 대금 지불 수단으로 상정하고 있는바, 이는 우리 부가가치세법 체계상 가상화폐가 부가가치세 부과 대상이 아님을 전제로 한 것으로 해석될 여지가 있다.

(나) 주장 2: 가산세 부과 부분이 적법한지 여부

가) 세법상 가산세는 과세권의 행사 및 조세채권의 실현을 용이하게 하기 위하여 납세자가 정당한 이유 없이 법에 규정된 신고, 납세 등 각종 의무를 위반한 경우에 개별 세법이 정하는 바에 따라 부과되는 행정상의 제재로서 납세자의 고의, 과실은 고려되지 않는 것이고, 다만 납세의무자가 그 의무를 알지 못한 것이 무리가 아니었다거나 그 의무의 이행을 당사자에게 기대하는 것이 무리라고 하는 사정이 있을 때 등 그 의무해태를 탓할 수 없는 정당한 사유가 있는 경우에는 이를 부과할 수 없다(대법원 2003. 12. 11. 선고 2002두4761 판결 등 참조).

나) 이 사건의 경우 결국 가상화폐의 성격 및 가상화폐 공급이 부가가치세 과세대상이 되는지에 관한 견해의 대립에 기인한 것인데, 가상화폐 및 이에 관한 규제를 어떻게 할 것인지에 관하여 여러 논의가 있어 왔고 실제로 과세관청에서도 대표적인 가상화폐인 '비트코인'에 대해서 '재산적 가치가 있는 재화로서 거래되는 경우에는 부가가치세 과세대상에 해당한다'는 원론적 입장을 제시하기도 하였다. 그러나 다음과 같은 사정에 비추어

보면, 원고들에게 그 의무해태를 탓할 수 없는 정당한 사유가 있다고 볼 수 없으므로 이 사건 처분 중 가산세 부분 역시 적법하다. 따라서 원고들의 이 부분 주장도 이유 없다.

① 앞서 본 바와 같이 과세당국은 가상화폐를 부가가치세 과세 대상으로 삼고 있지 않아 왔던 것으로 보이고 달리 반증이 없고, 원고들 역시 이 사건 관련 가상화폐에 관하여 부가가치세를 납부한 바가 없다.

② 앞서 본 바와 같이 매입세액 공제 여부는 그와 관련된 사업이 면세사업 등에 해당하는지 여부 등에 달려있는 것이므로, 원고들이 매입세액이 공제될 수 있다고 생각하였다면, 그와 연계된 자신의 사업인 가상화폐 공급에 관한 부가가치세를 신고·납부하였어야 함에도 이를 신고한 바가 없었다. 이는 가상화폐 공급이 부가가치세 부과 대상이라고 생각하였다는 원고들의 주장과 배치되는 행위이다. 게다가 원고들의 이러한 일련의 행위는 자신들이 공급하는 재화에 대해서는 부가가치세를 신고·납부한 바가 없음에도 그와 관련된 매입세액에 대해서만 공제가 가능하여 결과적으로 매출세액은 전혀 내지 않으면서 관련 매입세액에 대해 환급만을 받겠다는 것인데, 이는 부가 가치세제상 받아들이기 어렵다.

③ 원고들이 달리 가상화폐 공급이 면세사업에 해당하는지 여부나 그 매출세액을 신고하지 않았음에도 불구하고 관련 매입세액을

공제할 수 있는지 여부 등에 관하여 과세관청에 조회를 한 바도 없는 것으로 보인다.

④ 원고들은 원고들과 동일한 사안에서 매입세액 공제를 받은 사안이 있다고도 주장하나, 위 증거만으로는 이러한 사실을 인정하기 어렵다.

위 판결의 의미

부가가치세법은 재화의 범위를 '재산 가치가 있는 물건 및 권리'로 규정하여 포괄적으로 규정하고 있다(제2조 제1호 및 같은 법 시행령 제2조). 이에 따라 가상자산 역시도 비트코인은 경제적인 가치를 디지털로 표상하여 전자적으로 이전, 저장과 거래가 가능하도록 한 가상자산의 일종으로 사기죄의 객체인 재산상 이익에 해당한다(대법원 2021. 11. 11. 선고 2021도9855 판결)거나, 비트코인도 재산적 가치가 인정되는 무형재산으로서 몰수대상이 된다(대법원 2018. 5. 30. 선고 2018도3619 판결)는 대법원 입장에 비추어 볼 때 특별한 사정이 없는 한 재산적 가치가 인정되어 부가가치세법상 재화에 해당한다고 볼 여지가 상당하다.

그럼에도 불구하고 조세사건과 관련하여 법원에서는 채굴업이 부가가치세법상 과세사업이 아니라면서, 그 근거로 가상자산은 부가가치세법상 재화가 아니라고 판단하였다.

앞서 살펴본 것과 같이 필자는 법원의 태도와 달리 가상자산이 부가가치세법상 '재화'에 해당한다고 보고 있다. 부가가치세법상 과세대상인 '재화의 공급'인지는 달리 판단될 수 있기 때문이다. 예컨대, 유가증권이나 상품권 역시도 부가가치세법상 '재화'에 해당한다고 할 것이나, 유가증권이나 상품권의 판매는 부가가치세법상 과세대상이 아니라고 보는 것이 확고한 과세실무이다.

〈유가증권〉

- 부가가치세법 기본통칙 4-0-3【유가증권 등】수표 · 어음 등의 화폐대용증권은 과세대상이 아니다.
- 국 · 공채 매매거래에 대해서는 VAT 과세되지 않음(제도46015-11726, 2001. 6. 27.).
- 유가증권(주식, 채권 등)의 매매 또는 단순한 금전채권의 양도는 부가가치세 과세대상 아님(서삼46015-11517, 2002. 9. 5.).
- 수익권 증서의 양도가 재화공급이 수반되지 아니하는 경우에는 부가가치세 과세대상 거래에 해당하지 아니하는 것임(서삼46015-10237, 2001. 9. 18.).

〈상품권〉

- 사업자가 한국통신이 발행한 전화선불카드를 판매하는 행위는 부가가치세 과세대상 아님(서삼46015-12211, 2002. 12. 20.).
- 월드컵 공식후원사가 국제축구연맹과의 계약에 의해 월드컵 입장권을 취득해 판매하는 경우에는 VAT 과세되지 않음(서삼46015-10608, 2002. 4. 15.).
- 영화를 관람할 수 있는 영화예매선물권을 발행 · 판매하는 것은 VAT 과세대상 아님(부가46015-980, 2001. 7. 3.).

기획재정부는 이른바 골드뱅킹 거래[35)]와 관련하여, "자본시장과 금융투자업에 관한 법률 시행령 제7조 제2항 제1호에 따른 파생결합 증권에 해당하는 것으로, 동 금융상품에 원화를 적립하거나 원화로 출금하는 거래는 증권의 매매에 해당하는 것이므로 부가가치세법 제4조에 따른 부가가치세 과세대상에 해당하지 아니하는 것"이라고 보았다(기획재정부 부가가치세제과-323, 2019. 5. 2.).

어떤 가상자산이 지급수단형 내지 교환토큰(exchange token), 유가 증권형 토큰(security token), 유틸리티 토큰(utility token)인지 등에 따라 내재하고 있는 가치가 상이하다고 볼 수 있으나, 적어도 현시점 에서는 거의 대부분의 가상자산은 교환가치만 있다고 보인다.

이러한 측면에서, 가상자산이 교환가치만을 가지고 있다면, 가상 자산의 공급은 유가증권이나 상품권의 판매와 유사하다고 할 것 이므로, 부가가치세법상 과세대상인 '재화의 공급'으로 보기는 어렵다. 이러한 측면에서 위 판결에서 법원이 '교환가치'에 근거하여 부가가치세법상 과세대상이 아니라고 본 것은 타당하다고 사료된다.

따라서 현재 위 사건이 대법원 상고심 사건으로 진행 중에 있으나, 대법원이 원심과 달리 판단할 가능성은 그리 높지 않을 것으로 예상된다.

---

35) 고객이 원화를 입금하면 국제 금시세(달러표시가격) 및 원/달러 환율을 적용하여 금(金) 으로 적립한 후, 가입자가 출금 요청 시 국제 금시세 및 환율로 환산한 원화로 출금하는 금융상품을 말한다.

맺으며

:
:
:

가상자산은 재화이면서 아울러 지급결제수단의 성격도 가지고 있다. 이로 인하여 소득세, 법인세, 부가가치세, 상속세 및 증여세 등 다양한 세목이 동시에 문제되기도 하고, 국제거래가 빈번하여 국제조세 역시도 함께 문제가 된다. 기본적으로는 필자의 부족한 실력 때문이지만 위와 같은 사정으로 인하여 본서가 다소 산만하게 작성될 수밖에 없었다. 독자분들의 너그러운 이해를 바란다.

본서에서 다루지 않은 주제 중에서 조만간 가상자산을 교환거래할 때의 과세시기는 언제인지, 가상자산을 운용위탁하여 얻는 수익, 가상자산을 DeFi사업자에게 대여한 후 얻는 소득의 과세방식은 무엇인지, 가상자산을 기초자산으로 하는 선물 옵션거래로 얻는 소득이 과세소득에 해당할 것인지 등에 대하여 문제가 될 것으로 보인다. 기회가 되면 추가적으로 연구하여, 논문 등으로 게재하거나 본서를 보완하고자 한다.

본서를 읽어주신 모든 분들께 깊은 감사의 말씀을 드린다.

Profile

신병진

- 법무법인 에스엘파트너스 대표변호사
- 서울대학교 경영대학 졸업
- 서울대학교 법학전문대학원 졸업
- 2009년 제53회 행정고시 합격
- 2010년 세무사시험 합격
- 前 기획재정부 조세정책과, 국제조세제도과, 소득세제과 행정사무관
- 前 법무법인(유) 율촌 변호사